해외선물 실전투자
완전정복

해외선물

실전투자 완전정복

성경희·김수한·문지인 지음

리얼스탁과 하나금융투자 전문가가
알려주는 실전투자서!

한국경제신문 *i*

차 례

chaptor 01 해외선물 기본개념 및 실전매매 전략

chaptor 02 해외선물 실전로드맵 – 기초편

▼

chaptor 03 해외선물 실전로드맵 – 심화편

해외선물 기본개념
및 실전매매 전략

1. 처음 만나는 해외선물 이야기

1〉 해외선물 살펴보기

해외선물이란 해외거래소를 통하여 거래하는 선물을 뜻한다. 어렵게 생각할 것 없이 국내 주식을 거래하기 위해서는 KRX라는 한국거래소를 통해서 거래를 해야 하지만, 한국거래소를 통하지 않고 해외의 CME 시카고선물거래소나 SGX라는 싱가폴선물거래소를 통해서 선물거래를 하는 것이다. 국내에서 거래되는 대부분의 해외선물은 CME나 SGX를 통해서 거래된다.

[주요 거래소 모습]

한국거래소(KRX)	시카고선물거래소(CME)	싱가폴선물거래소(SGX)

국내에서 거래할 수 있는 해외선물상품은 약 50여 가지가 넘는다. 이 중 약 90% 이상은 CME를 통해서 거래가 이루어지고 나머지 10% 가량이 SGX를 통해서 거래가 이루어진다고 보면 된다. CME를 통해서는 이후 자세히 다루겠지만 통화, 지수, 금리, 금속, 에너지, 농산물, 축산물 등을 거래할 수 있고 SGX에서는 대부분 지수 관련된 거래가 활발한 편이다. 국내를 기준으로 본다면 과거에는 통화 상품 중 Euro Fx라는 유로달러의 거래가 가장 활발했으나 최근에는 에너지 선물 중 WTI(서부 텍사스산 중질유)를 기초대상 상품으로 하는 Crude Oil의 거래가 가장 활발하고 거래량도 많다. SGX 거래 상품 중에는 China A 50 Index라는 중국지수선물의 거래량이 가장 활발한 편이다.

해외선물은 크게 해외선물 온라인거래와 해외선물 오프라인거래로 나눌 수 있다. 해외선물 온라인거래는 대부분의 해외선물 투자자들이 HTS라는 프로그램을 통해 주문을 내는 방식을 말하고, 해외선물 오프라인거래는 온라인에 런칭되어 있지 않는 상품을 거래할 때 많이 하는 방식이다. 해외선물 온라인거래는 대부분의 개인고객들이 많이 하는 거래방식이고 오프라인거래는 기업이나 법인 등에서 활발히 하는 거래방식이다.

2〉 흥미로운 해외거래소 이야기

만약 TV나 영화를 통해서 객장에 사람들이 종이를 들고 소리치며 뛰어다니는 모습을 본적이 있다면 Floor라고 하는 CME거래소의 객장의 모습일 가능성이 높다. 지금은 대부분의 해외선물이 전산을 통해 거래가 되지만 CME는 아직도 전통적인 방식의 거래도 함께 하고 있는 점은 흥미롭다.

과거 CME 객장 거래 모습

현재 CME 객장 거래 모습

이제 해외선물을 거래하다 보면 다양한 상황에 처하게 될 것이다. 경제지표나 세계경제 흐름에 대한 부분은 제외하고라도 거래소나 매매 시에 접할 수 있는 흥미로운 이야기와 매매 전 알아야 할 사항 몇 가지가 있다. 먼저 흥미로운 이야기부터 하면, 우리나라에서는 할 수 없는 주문방식이 해외에서는 가능하다. 바로 '호가 창에 보이지 않는 주문 방식 (Iceberg)'이다. 해외선물을 거래하다 보면 매수나 매도 호가 잔량보다 체결이 많이 되는데 호가가 깨지지 않고 계속 체결이 지속되는 경우가 종종 있다.

CLU15 ▼ 🔍 1 Crude Oil(15-09/USD)						

현 체 일 시 틱 상	45.15	0.00 0.00 %	6,269

건수	잔량	13:48:50	잔량	건수
12	15	45.19 시가		45.16
11	20	45.18 고가		45.27
11	14	45.17 저가		45.11
7	8	45.16		
2	2	45.15		
		45.14	12	10
		45.13	11	9
		45.12	22	12
		45.11	31	26
		45.10	17	15
43	59	34	93	72

매 수 | 매 도 | 정정/취소

종목 CLU15 ▼ 🔍

Crude Oil(15-09/USD)

수량 [1]수 | 신규 | 최대신규 | 청신

가격 45.15 가 ⦿Limit ○Stop

+3틱 | +1틱 | -1틱 | -3틱

매 수

주문번호 [ ]

시장가매수

잔고/미체결	예수금	주문/체결	청산내역	차트	**체결추이**	일별	뉴스	경제지표

시간	매수1호가	매도1호가	현재가	전일대비	등락률	체결수량	거래량
13:48:42	45.14	45.15	45.15	0.00	0.00	1	6,269
13:48:27	45.15	45.16	45.15	0.00	0.00	1	6,268
13:48:27	45.15	45.16	45.15	0.00	0.00	1	6,267
13:48:27	45.15	45.16	45.15	0.00	0.00	1	6,266

이런 경우는 해당 호가에 '보이지 않는 주문'이 걸려 있을 수 있다. 이런 계열의 주문은 일반적인 주문방법으로는 설정할 수 없고 해외증권사를 통해 전화로 설정이 가능한 것이다. 보통 사고자 하는 수량이나 팔고자 하는 수량이 많아 일반주문으로 호가에 걸리면 해당 가격대가 지지선 혹은 저항선으로 작용할 수 있는 문제를 방지하기 위한 주문이다. 따라서 해외선물을 거래하는 중에 대량의 거래가 발생하는데도 호가 잔량이 줄어들지 않거나 적은 호가로도 계속 버티고 있다면 '보이지 않는 주문'이 걸려 있을 수 있다는 것을 의심해볼 필요가 있으며 해당 가격대가 의미있는 가격대가 될 수도 있음을 알아야 한다.

두 번째는 CME에서 직접 트레이딩을 하는 트레이더들에 대한 내용이다. 보통 미국 최고의 거래소에서 트레이딩을 하는 트레이더라고 하면 굉장히 우수한 대학을 졸업한 젊고 능력 있는 엘리트들을 상상할 것이다. 하지만 실제적으로는 그런 부류의 사람보다 나이와 스펙에 상관없이 정말 매매를 잘하는 사람들이 그 자리에 있는 경우가 많은데, 심지어 거동이 불편해 휠체어 생활을 하는 노인분들도 매매에 탁월한 감각이 있어 트레이더로 생활하고 있다고 한다. 학벌과 출신보다 실무능력을 더 중시하는 미국의 정서를 간접적으로 볼 수 있는 대목이기도 하다.

세 번째는 우리가 거래하는 해외선물시장에는 '마켓 트레이더'라는 존재가 있다는 점이다. CME에서 고용한 전문 트레이더들인 이들은 거래소로부터 자금을 지원받아 해외선물의 변동성이나 거래량을 만들기도 한다. 특히 다른 해외선물에 비해 거래량이 떨어지는 농산물이나 축산물의 경우 개별적인 지표발표에 추세가 나타나는 게 아니라면 보통은 시장 조성자라고 하는 '마켓 트레이더'들에 의해 움직임이 일어날 경우가 많다. 이런 부분은 특히 축산물에서 두드러지게 나타나는데, 기술적지표를 맹신해 차트만 보고 진입하면 '마켓 트레이더'들이 인위적으로 만드는 예상치 못한 급등이나 급락에 당황할 수 있으니 주의가 필요하다.

마지막으로 해외선물거래는 국내거래가 아니기 때문에 기술적으로 발생할 수밖에 없는 시간차이에 대한 부분이 있다. 풀어서 이야기하면 국내거래소를 통해서 이루어지는 거래는 거래소에서 시세라고 하는 호가를 보내고 우리가 해당 호가를 보고 내는 주문이 거래소로 전달되어 체결까지 이루어지는 과정에 걸리는 시간과 거리가 굉장히 짧다. 하지만 해외거래소를 통해 거래가 이루어질 경우 복잡한 라인을 통해 해외까지 전달되는 과정에서 지금 우리가 보는 시세와 실제 거래소에서 진행되는 시세가 체감할 정도는 아니지만 조금의 차이가 발생할 수 있다. 이런 부분들은 뒤에서 다루게 될 매매 체결 시 발생할 수 있는 '슬리피지'와도 관련된 내용으로, 기본적인 개념을 이해하고 공부하면 좀 더 쉽게 접근할 수 있다.

3〉 해외선물의 투자매력

　해외선물의 투자매력을 설명하기 전에 먼저 우리가 처해있는 해외시장의 전반적인 상황을 살펴볼 필요가 있다. 다른 국가를 비롯해 우리나라 또한 직·간접적으로 세계경제의 동향에 영향을 받는다. 오늘날 우리가 살아가는 지구상에는 약 150여 개국의 나라가 있고 대부분의 나라들은 서로 많은 영향을 주고 받는다. 이제는 미국의 경제위기는 단순히 미국 내에서만의 위기가 아니라 전 세계적인 경제위기로 번질 수 있고 반대로 유럽국가를 중심으로 한 유로존이나 중국의 경제발전은 우리나라의 경제에도 크게 영향을 줄 수 있다. 이러한 점에서 해외선물은 기초 대상상품의 상승과 하락에 모두 투자할 수 있는 양방향 투자 상품이기 때문에 그만큼 다양한 투자기회가 존재한다고도 해석할 수 있고 최고의 리스크 관리 중 하나인 리스크 분산이라는 측면에서도 매력적일 수 있다.

　실제로 기관이나 기업, 그리고 개인들도 해외선물에 투자를 많이 하고 있는데, 투기적인 목적 외에도 리스크 헤징 차원의 거래량도 상당하다. 예를 들어, 사업을 위해 현물인 구리를 큰 규모로 수입해서 보유하고 있는 기업에게 구리가격의 하락은 보유하고 있는 구리현물의 가치가 하락해 기업의 가치가 하락할 수 있는 위험한 요인이다. 따라서 현 가격대의 구리 선물에 보유하고 있는 구리현물의 일정 비율만큼 매도 포지션을 취함으로써 가격하락 리스크에서 자유로울 수 있다. 또한 개인의 경우에도 이러한 투자가 가능하다. 예를 들어, 미국에서는 대규모 농장을 경영하는 농부들이 많은데, 그해 수확량이 많고 적음에 따라 가격이 급등하거나 급락하는 리스크에 항상 노출되어 있다. 따라서 농부들은 그해 작황이 좋아 농작물의 가격이 하락할 것으로 예상되면 선물에서 매도 포지션을 취해 현물인 농작물의 가격하락을 상쇄하는 효과를 거둘 수 있다. 이런 투자는 미국에서는 굉장히 일반화되어 있는 투자로 농산물선물거래에서 실제 농부들이 차지하는 거래 비율 또한 상당하다는 점이 특징이다. 이제는 국내에만 국한된 투자를 하는 것보다 투자처를 다변화하는 것이 좀 더 많은 수익의 기회와 리스크 분산의 효과를 기대할 수 있다.

4〉 해외선물 투자 전 준비할 부분 (추가증거금, 장중 위험도, 만기)

해외선물에 투자하기 앞서 알아야 할 부분들이 있다. 기본적으로 해외선물은 파생상품으로 레버리지라는 것을 이용한다. 레버리지란 지렛대 효과로, 작은 금액으로 큰 금액을 움직여 손익률을 극대화 할 수 있는 방법이다. 투자한 방향과 흐름이 맞는다면 수익은 극대화 될 수 있지만 반대로 손해가 날 경우 손실이 확대될 위험성이 있다. 보통 국내선물이 대략 레버리지가 7~8배 정도인 반면, 해외선물은 상품별로 차이

는 있지만 30~50배가 넘어간다. 100만 원 투자로 변동성이 나타날 경우 하루에 2배 혹은 3배 이상 손익이 발생될 수 있어 투자 전 주의가 필요하다.

여기서 한 가지 의문점이 생길 수 있다. 가령 내가 초기 투자자금 100만 원을 투자했는데, 손실이 날 경우 수백만 원의 손실이 발생 할 수도 있는가 하는 부분이다. 이론적으로는 가능하지만 실제 매매에서는 거의 일어날 수 없는 일이다. 해외선물은 기본적으로 변동성이 굉장히 높기 때문에 투자금액 이상의 손실이 나는 경우가 종종 있다. 그래서 그런 리스크를 피하기 위해 제도적인 많은 안전장치들이 있다.

첫 번째는 추가증거금 반대매매인데, 선물은 기본적으로 1계약을 사기 위한 계약당 증거금이 있고 이 계약을 보유하기 위해 최소한으로 유지해야 하는 유지증거금이 필요하다. 만약 장종료 시점까지 유지증거금을 하회한 상태에서 끝나면 익일 반대매매 시점 전까지 입금변제를 하거나 보유포지션을 청산하는 매매가 일어나지 않으면 시스템상에서 반대매매가 이루어진다.

두 번째 안전장치는 장중에 급한 변동 리스크에 대한 부분이다. 일반적으로 손실이 발생하고 추가증거금 발생에 따른 반대매매의 처리는 대략 하루의 시간이 걸린다. 만약 시세가 급변해 시스템상에서 반대매매가 일어나기 전 손실이 더 크게 확대될 경우 계좌에 미수가 발생될 수 있다. 이럴 경우를 대비해 총 보유포지션들의 유지증거금에 80% 손실이 발생할 때까지 현금입금이나 청산을 통한 리스크를 감소시키는 액션이 일어나지 않을 경우 손실이 80% 터치되는 시점(증권사별로 다를 수 있음)에 보유포지션이 전량 반대매매처리가 된다. 이런 사항은 매매거래 시 알아두어야 할 제도적인 부분이다.

마지막으로는 만기에 대한 부분이다. 해외선물은 기본적으로 선물상품으로 상장되어 거래되기 때문에 만기를 지니고 있다. 또한 해외선물은 지수나 통화처럼 만기에 현금으로 결제되는 상품이 있는 반면 원유나 금선물과 같이 실제 상품으로 실물인·수도가 일어나는 선물들도 있다. 국내에서는 개인고객들의 실물인·수도를 인정하지 않아 FND/LTD라는 만기에 따라 만기 전 청산을 시키고 그 만기일자는 매월 증권사들이 개별 통보(공지사항 등)를 하고 있다.

개인들의 실물인·수도를 인정하지 않는 이유 중 하나는 원유선물을 예로, 레버리지를 이용해 약 500만 원으로 1계약 거래가 가능한 원유선물은 1계약당 거래되는 실물 단위가 1,000배럴이다. 쉽게 말해 드럼통 1,000개라는 뜻인데 실물인·수도가 일어날 경우 CME 에서 국내 항구로 해당 원유를 보내게 되는데, 이때 발생하는 추가 결제비용과 운반비용과 항구 도착 후 보관비용 등이 발생하고 1,000배럴을 개인이 판매를 해야 하는 현실적으로 불가능한 부분이 있기 때문에 실물인·수도 발생 전 만기 관리를 통해 보유 포지션을 정리하게 되는 것이다.

2. 국내투자자에게 가장 사랑받는 에너지선물 이야기

1〉 에너지선물 살펴보기

해외선물은 크게 2가지로 구분된다. 금융과 관련된 해외선물과 상품과 관련된 해외선물이다. 에너지선물은 그 중 상품선물에 속하며 종류로는 Crude Oil(원유), Natural Gas(천연가스), RBOB Gasoline(휘발유), Heating Oil(난방유) 등으로 나뉜다.

기본적으로 금융선물은 그 움직임이 박스권에서 움직이는 경우가 많은 반면 상품선물은 한 방향으로 추세가 결정되면 계속 그 방향으로 움직이는 특징이 있다.

[Crude Oil의 주봉차트]

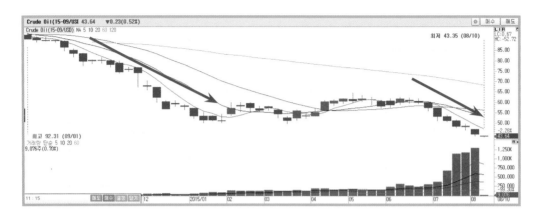

　　상품선물의 가격을 결정하는 데 가장 중요한 요소는 수요와 공급이다. 상품시장에 수요가 높아지면 가격은 상승하게 되고 반대로 공급이 과잉되면 가격은 하락하는 기본 논리가 적용되는 시장이다. 이 부분은 다른 상품선물도 비슷하지만 에너지선물의 경우 그런 형태가 더 뚜렷하게 나타나는 경향을 보이며 변동성 또한 다른 선물에 비해 굉장히 높게 나타나기 때문에 투자 전 주의가 필요하다. 에너지선물 중에서는 Crude Oil(원유), Natural Gas(천연가스)가 가장 많이 거래되며, 특히 Crude Oil(원유)의 경우 다른 해외선물상품을 포함해 비교해도 국내개인투자자들이 가장 많이 거래하고 있는 해외선물상품이다.

2〉에너지선물의 특징

　　Crude Oil(원유)을 먼저 알아보자. 세계 원유시장에는 3대 석유시장이 있다. 중동 지역을 대표하는 기준 유종인 두바이유는 아시아 지역에서 많이 사용되는 원유고, 유럽과 아프리카에 공급되는 북해산 브랜트유, 마지막으로 미국 텍사스 지방에서 생산되는 WTI(서부 텍사스산 중질유)가 있다. WTI는 원유시장에서 가장 높은 가격으로 거래되고 있으며 세계 원유시장의 가격 기준 역할을 하고 있다. 또한 원유시장에서 막강한 영향력을 펼치며 세계 원유가격을 움직이는 단체로는 OPEC이라는 중동국가들을 중심으로 한 석유수출국기구가 있다.

[OPEC, 석유수출국기구]

기본적으로 우리가 해외선물에서 거래하게 될 Crude Oil(원유)은 CME선물거래소에 상장된 WTI(서부 텍사스산 중질유) 가격을 추종하는 해외선물상품이다. 증거금은 CME선물거래소에서 결정하는데, 보통 1계약당(매수나 매도) 한화 500만 원 내외다. 거래시간은 23시간 거래로 주간이나 야간 모두 거래가 가능한 특징을 가지고 있다.

상품군별은 에너지에서 첫 번째 Crude Oil을 찾아볼 수 있다. 거래월물은 2015년 9월을 기준으로 가장 거래량이 많은 상품이 붉은색으로 표시되어 있는 것을 확인할 수 있다.

[해외선물 종합창]

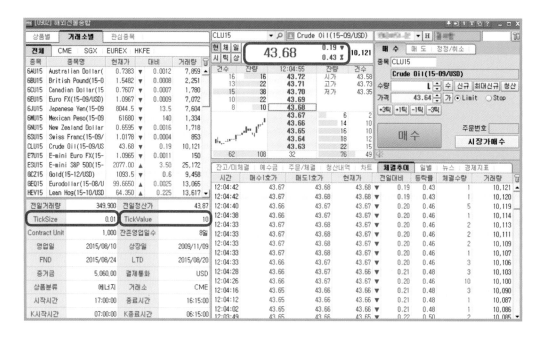

해당 화면에서 43.68은 Crude Oil의 가격을 의미한다. 기본 매매단위인 1배럴당 달러로 43.68달러에 가격이 형성되어 있음을 의미하며, Tick Size가 0.01 단위라는것은 한 틱당 0.01씩 움직인다는 뜻이고 Tick Value가 10이라는 것은 1틱이 상승 혹은 하락으로 움직일 때 $10(약 11,000 원)의 손익이 발생한다는 뜻이다. 만일 10계약을 보유하고 있다면 1틱 변동 시 10틱 × $10로 약 11만 원의 손익이 발생된다는 뜻이다. 추가로 해당 화면에서 FND/LTD 만기도 확인해볼 수 있다.

3〉 Crude Oil의 매매포인트

　기본적으로 대부분의 상품선물은 달러화로 표시된다. 따라서 달러화의 가치가 상승하면 같은 가격 조건에서 상품선물의 가격은 하락 압력을 받게 되고 반대로 달러화의 가치가 약화되면 상품선물의 가치는 상승한다. 이 개념을 먼저 이해한 후에 개별상품선물의 시황을 살펴보는 것이 좋다.

　Crude Oil은 원유상품의 특성상 대외변수에 굉장히 민감하게 반응한다. 투자에 앞서 가장 기본적인 원유 수급에 대한 부분을 관찰해야 하는데, 세계원유시장에 수급 및 가격을 조율하는 OPEC(석유수출국기구)의 정책을 살펴봐야 한다. 간단하게 접근해서 OPEC에서 원유생산량을 늘리겠다는 시장발표를 하게 되면 원유시장에 공급량이 늘어 원유가격에 하락압력으로 작용하고, 반대로 감축을 발표하면 원유가격상승으로 이어질 수 있다.

[Crude Oil의 월봉차트]

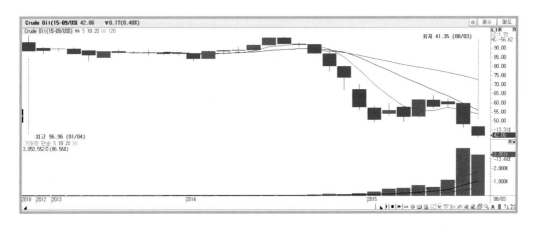

　현재 원유가격의 흐름을 살펴보자. 2014년부터 중반까지 배럴당 $100을 돌파하기도 했던 원유가격은 2014년 후반부터 하락을 지속해오고 있다. 2015년까지 이어지고 있는 저유가의 가장 큰 이유 중에 하나는 바로 OPEC의 저유가 유지정책이다. OPEC을 중심으로 한 중동의 원유 생산국들은 매일 엄청난 양의 원유를 시장에 공급하고 있다. 이로 인해 시장은 수요보다 공급이 더 많은 상태가 지속되고 있으며 원유가격이 $40 부근까지 하락한 가장 큰 이유 중 하나다. OPEC이 이런 저유가 정책을 지속하는 것에는 많은 이유가 있겠지만 미국 내 셰일오일 산업을 견제하기 위해서라는 설이 가장 설득력이 있어 보인다. 셰일오일이란 전통적인 유전에서 생산되는 원유가 아닌 모래와 원유가 섞여있는 이른바 셰일층에 있는 모래들을 채취하여 생산하는 원유를 말한다.

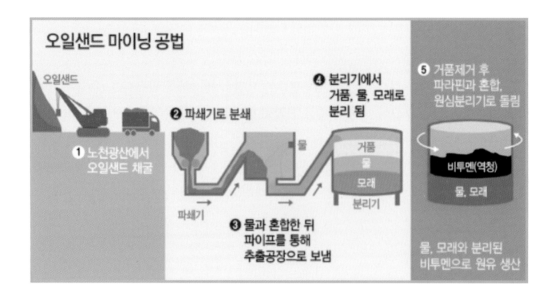

지금까지는 셰일오일의 생산이 배럴당 단가도 높고 생산량도 떨어져 큰 주목을 받지 못했지만 기술의 발달로 낮은 단가에 더 많은 원유를 생산할 수 있게 이르렀다. 전통적인 중동의 유전에서 뽑아내는 원유의 생산단가는 배럴당 $30 정도고 셰일오일은 $50~$60로 알려져 있으며 이로 인해 OPEC은 셰일오일 산업을 견제하기 위해 저유가 정책을 지속하고 있다는 것이다. OPEC이 저유가 정책을 지속하면 셰일오일 산업에 침체를 이끌어 낼 수 있기 때문이다.

셰일오일과 관련된 지표로는 '주간 셰일오일 시추공수 증감'이 있으며 시추공수가 증가하면 셰일오일 산업의 발전으로 원유가격이 하락압력을 받고, 감소하면 상승압력을 받을 수 있다. 그리고 원유가격에 돌발적인 변수로 자주 등장하는 중동의 지정학적 이슈다. 중동은 정통적으로 테러와 전쟁이 많은 지역인데, 해당 지역은 많은 유전을 보유하고 있기도 하다. 따라서 중동에서 발생되는 지정학적 이슈나 정책과 관련 이슈는 원유의 변동성을 크게 증가시키기도 한다.

　최근 주목받고 있는 중동의 이슈 중 하나는 이란 핵협상과 관련된 것이다. 그동안 이란은 핵개발을 하고 있다는 의혹으로 미국이 주도한 경제재제를 강하게 받던 나라였으나 오바마와 이란의 핵협상이 2015년 타결됨에 따라 경제재제가 풀리고 중동산 원유가 시장에 많이 공급되게 되었다. 이로 인해 원유시장의 과잉공급 우려가 더 커지고 있는 상황이다. 마지막으로 매주 수요일 23:30분에 발표되는 미국 내 주간 원유재고량 발표의 증감에 결과에 따라 단기적인 추세가 결정될 수 있다.

　이처럼 원유라는 상품은 투자하기 앞서 고려해야 할 사항이 상당히 많다. 또한 상품선물 중 일일 변동성이 큰 상품에 속하기 때문에 매매 전 주의가 필요하다.

　다음으로 Natural Gas(천연가스)가 있다. 천연가스란 지하에 기체상태로 매장되어 있는 에너지 자원으로써, 원유를 생산할 때 같이 생산되거나 바다 속 천연가스층에서 생산된다. 전 세계의 천연가스 매장량은 러시아와 우크라이나 인근지역과 중동에 약 80%가 매장되어 있으며 다른 화석연료에 비해 에너지 효율이 높아 난방연료는 물론 화력발전소의 전력생산, 그리고 자동차에 이르기까지 그 쓰임새는 다양하다.

　기본적으로 해외선물에서 거래하게 될 Natural Gas(천연가스)는 CME선물거래소에 상장되어 있는 해외선물상품이다. 증거금은 CME선물거래소에서 결정하는데, 보통 1계약당 한화 200만 원 내외다. 거래시간은 23시간 거래로 주간이나 야간 모두 거래가 가능하다.

상품군별은 에너지에서 Natural Gas를 찾아볼 수 있다. 거래월물은 2015년 9월을 기준으로 가장 거래량이 많은 상품이 붉은색으로 표시되어 있는 것을 확인할 수 있다.

[해외선물 종합창]

화면에서 2.814은 Natural Gas(천연가스)의 가격을 의미한다. Tick Size가 0.001 단위라는 것은 한 틱당 0.001씩 움직인다는 뜻이고 Tick Value가 10이라는 것은 1틱이 상승 혹은 하락으로 움직일 때 $10(약 11,000원)의 손익이 발생한다는 뜻이다. 만일 10계약을 보유하고 있다면 1틱 변동 시 10틱 × $10으로 약 11만 원의 손익이 발생된다는 뜻이다. 화면에서 FND/LTD 만기도 확인해볼 수 있다.

4〉 Natural Gas의 매매포인트

Natural Gas(천연가스)는 근래 모든 상품선물을 통틀어 가장 충격적인 변동성을 보여주었던 상품으로 유명하다. 해외선물을 기존에 매매해왔던 사람들이라면 2013년 겨울부터 시작되어 2014년 봄으로 넘어가는 시기에 Natural Gas(천연가스)의 엄청난 추세를 기억하고 있을 것이다.

[Natural Gas의 주봉차트]

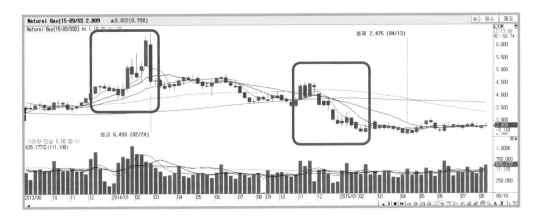

천연가스는 전통적으로 난방에 사용되는 연료비중이 매우 높다. 특히 미국 내에서 사용되는 난방연료의 약 60%가 천연가스로, 겨울철에 수요가 크게 상승하는 경향을 보인다. 특히 2013년 겨울에 미국은 이래적인 혹한을 겪게 되었고, 이에 따라 난방연료로 사용되는 천연가스의 수요가 폭발적으로 증가하게 되었다. 차트에서 보듯이 당시 3.5 내외에서 거래되던 천연가스가 미국내 혹한 이슈로 6.4를 돌파하기도 했었다. Tick Size가 0.001 단위기 때문에 약 2,900틱이 상승한 것으로, 당시 한 계약에 200만 원 내외였던 증거금으로 3천만 원의 손익이 발생할 수 있었던 시기였다.

하지만 천연가스가 매년 겨울마다 큰 폭으로 시세를 주는 것은 아니다. 2015년 겨울 시즌을 보면 오히려 가을 무렵부터 상승하던 천연가스의 가격이 본격적인 겨울시즌에 큰 폭으로 하락했다. 가장 큰 요인으로는 미국 내 겨울 날씨가 상대적으로 춥지 않았던 것과 전년도의 급등을 기대한 투기적 매수세력들이 시세를 추가로 끌어올리는 데 실패함에 따라 매도물량을 쏟아냈기 때문으로 보인다. 하지만 결론적으로 천연가스는 매년 겨울 수요량이 증가할 것이라는 기대감에 상승할 가능성이 높은 경향을 지니며 반대로 여름철에는 상대적으로 난방에 사용되는 수요가 적지만 냉방전력에 사용되는 전력의 일정 부분이 천연가스를 연료로 하는 화력발전소에서 나오는 전력이기 때문에 여름철 미국날씨가 고온일 경우 상승압력을 받는다.

하지만 미국 내 날씨예보에 따라 움직이는 천연가스도 지정학적인 이슈에 반응하는 경우가 있다.

제2의 신냉전시대의 개막이라고 일컬어지는 미국과 러시아의 대립이 그것이다. 대립의 중심에는 우크라이나가 있는데, 러시아가 우크라이나 일부 지역을 군대를 통해 불법적으로 점령함에 따라 미국은 경제재제로 러시아에 맞서게 된다. 이에 러시아가 경제재제가 심화될 경우 자원수출을 전면 중단하겠다는 카드로 맞서게 되는데, 여기서 거론되는 자원 중 하나가 천연가스다. 러시아지역과 우크라이나 지역에서 생산되는 천연가스의 공급이 중단될 경우 미국 내 천연가스의 가격은 엄청난 급등세를 나타낼 가능성이 높다. 결과적으로 천연가스 공급 중단이라는 극단적인 상황까지는 가지 않았지만, 해당 이슈로 한동안 천연가스가 큰 상승압박을 받았으며 관련 이슈가 추후 다시 거론될 시 큰 변동성이 예상된다.

마지막으로 매주 목요일 23:30분에는 미국 내 주간 천연가스 재고발표를 하는데, 재고의 증감에 따라 재고량이 감소하면 상승 압력을 받고 재고량이 증가하면 하락압력을 받는다는 점을 추가적으로 알아두면 좋다.

그리고 Heating Oil(난방유) 과 RBOB Gasolin(휘발유)이 있다. Heating Oil(난방유)과 RBOB Gasolin(휘발유)은 모두 원유를 가공하면서 나온 상품들이라는 특징을 가지고 있다. 원유나 천연가스처럼 에너지선물에 속하며 원유가격과 비슷한 움직임을 보이는 경향이 있고 거래량은 천연가스나 원유에 비해 적은 편이다.

상품군별은 에너지에서 Heating Oil(난방유)과 RBOB Gasolin(휘발유)을 찾아볼 수 있다. 거래월물은 2015년 9월을 기준으로 가장 거래량이 많은 상품이 붉은색으로 표시되어 있다.

[해외선물 종합창]

　해당화면에서 1.5691은 Heating Oil(난방유)의 가격을 의미한다. Tick Size가 0.0001 단위라는것은 한 틱당 0.0001씩 움직인다는 뜻이고 Tick Value가 4.2라는 것은 1틱이 상승 혹은 하락으로 움직일 때 $4.2(약 5,000원)의 손익이 발생한다는 뜻이다. 만일 10계약을 보유하고 있다면 1틱 변동 시 10틱 × $4.2으로 약 5만 원의 손익이 발생된다는 뜻이다. 화면에서 FND/LTD 만기도 확인해볼 수 있다.

[해외선물 종합창]

    화면에서 1.6917은 RBOB Gasoline(휘발유)의 가격을 의미한다. Tick Size가 0.0001 단위라는 것은 한 틱당 0.0001씩 움직인다는 뜻이고, Tick Value가 4.2라는 것은 1틱이 상승 혹은 하락으로 움직일 때 $4.2(약 5,000원)의 손익이 발생한다는 뜻이다. 만일 10계약을 보유하고 있다면 1틱 변동 시 10틱 × $4.2으로 약 5만 원의 손익이 발생된다는 뜻이다. 화면에서 FND/LTD 만기도 확인해볼 수 있다.

5> 다른 에너지선물의 매매포인트

　두 상품은 기본적으로 원유에서 파생되어 나온 상품이기 때문에 원유가격의 흐름에 직·간접적인 영향을 받는다. 원유가격이 하락하게 되면 두 선물들도 하락압력을 받고 반대 상황에는 상승압력을 받는 식이다.

[Heating Oil, RBOB Gasolin의 주봉차트]

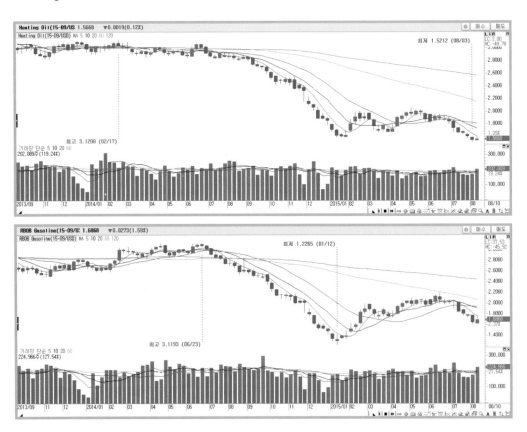

조금의 차이가 있을 수 있는 부분은 해당 상품의 쓰임에서 나타날 수 있는데, Heating Oil(난방유)는 미국 내 겨울철 난방연료에 사용되는 비중이 천연가스와 전기 다음으로 약 10% 내외를 차지하고 있다. 따라서 원유와 비슷한 흐름을 보이다가 겨울철에는 미국 내 겨울날씨 예보에 따라 개별적인 움직임을 보일 수 있으며, RBOB Gasolin(휘발유)의 경우에도 여름철 미국의 본격적인 휴가철인 드라이빙 시즌에 수요량이 증가해 개별적인 추세가 나올 수 있으니 주의해야 한다.

3. 전 세계에서 가장 많이 거래되는 지수선물 이야기

1〉 지수선물 살펴보기

해외선물은 크게 2가지로 구분된다. 금융과 관련된 해외선물과 상품과 관련된 해외선물이다. 지수선물은 그 중 금융선물에 속하며, 종류로는 대표적인 미국지수인 DOW, S&P 500 그리고 중국의 FTSE China A50 Index 등이 있다.

기본적으로 상품선물은 한 방향으로 추세가 결정되면 계속 그 방향으로 움직이는 특징을 가지고 있는 반면, 금융선물은 박스권에서 움직이는 경우가 많다

[E-MiNi S&P지수의 일봉차트]

　해외선물을 이용해서 거래할 수 있는 지수선물은 다양하지만 대부분의 거래는 CME 선물거래소를 통한 E-MiNi S&P와 SGX선물거래소를 통해 거래하는 FTSE China A50 Index가 대표적이다. 거래하는 거래소가 다르다고 해서 매매하는 방법이 크게 다른 것은 아니며, 매매시간과 휴장일 등이 조금 차이가 있을 수 있다(거래소가 속한 국가의 휴장일을 따름).

2〉 지수선물의 특징

　먼저 E-MiNi S&P지수선물이 있다. 미국의 대표지수는 DOW와 S&P 500, 그리고 NASDAQ 지수다. 그중에 해외선물에서 가장 거래가 활발한 상품은 S&P 500 중에서도 그 Size를 절반으로 나눈 E-MiNi S&P 500 상품이 있다.

S&P지수는 국제 신용평가기관인 미국의 Standard and Poors에서 미국의 우량주를 중심으로 선정해 지수화한 것이다. 국내에서는 Crude Oil의 거래가 가장 활발하지만 전 세계적으로는 E-MiNi S&P 500지수의 거래가 가장 활발하다. E-MiNi S&P 500지수는 미국의 경기부양책의 일환인 양적완화(시장에 달러 유동성공급) 정책으로 달러가치는 낮아지고 미국 기업의 수출이 활발하게 증가하면서 역사적 고점까지 상승했다. 이에 미국 중앙은행인 FED는 2015년 후반부터 금리인상을 통해 인플레이션과 증시과열에 대한 속도조절을 실시할 것으로 예상된다. FED는 미국의 증시나 달러화에 가장 직접적이고 강한 영향력을 끼치는 기관이기 때문에 꼭 알아둬야 한다.

상품군별은 지수에서 E-MiNi S&P 500지수선물을 찾아볼 수 있다. 거래월물은 2015년 9월을 기준으로 가장 거래량이 많은 상품이 붉은색으로 표시되어 있는 것을 확인할 수 있다.

[해외선물 종합창]

　화면에서 2082.00은 E-MiNi S&P 500지수의 시세를 의미한다. Tick Size가 0.25 단위라는 것은 한 틱당 0.25씩 움직인다는 뜻이고 Tick Value가 12.5라는 것은 1틱이 상승 혹은 하락으로 움직일 때 $12.5(약 13,000원)의 손익이 발생한다는 뜻이다. 만일 10계약을 보유하고 있다면 1틱 변동 시 10틱 × $12.5으로 약 13만 원의 손익이 발생된다는 뜻이다. 화면에서 FND/LTD 만기도 확인해볼 수 있다.

3> 지수선물의 매매포인트

일반적으로 지수선물은 해외선물을 처음 거래하는 고객들에게 상당히 좋은 종목으로 알려져 있다. 특히 E-MiNi S&P 500지수의 경우 일일 변동성이 다른 해외선물에 비해 낮고 지수선물의 특징인 박스권에서의 움직임을 자주 보여주기 때문에 추세를 역행하는 매매를 해도 손실을 만회할 기회를 주는 경우가 많다. E-MiNi S&P 500지수에 투자하려고 한다면 먼저 미국에서 발표하는 주요 경제지표를 알아야 한다.

[주요국 경제지표]

날짜 ▲	시간	통화 ▼	경제지표 ▲	실제	예상	이전	중요도 ▼	그래프
08.13 (Thu)	21:30	USD	(미)신규 실업수당청구건수	274K	272K	269K	상	
	21:30	USD	(미)수입물가지수, 전월대비	-0.9%	-1.0%	0.0%	중	
	23:00	USD	(미)기업재고, 전월대비	0.8%	0.3%	0.3%	하	
	23:30	USD	(미)주간 천연가스재고	65B	47B	32B	하	
	23:00	USD	(미)모기지 상환 연체비율	5.30%	-	5.54%	중	
08.14 (Fri)	02:01	USD	(미)30년물 국채입찰	2.88|2.3	-	3.08|2.2	하	-

대부분의 증권사 해외선물 HTS를 통해 그날의 경제지표 일정을 확인해볼 수 있다. 지표가 긍정적으로 발표되면 지수에는 상승요인으로 작용하고 반대일 경우에는 하락압력으로 작용한다. 화면을 보면 8월 13일 21시 30분에 미국의 신규 실업수당청구 건수 발표가 예정되어 있다. 해당 화면에서 지표의 중요도와 이전치, 예상치, 그리고 발표시간에 실제 발표치를 확인할 수 있다. 따라서 간단하게 매매에 접목하면, 실제 발표치가 나오기 전 낮게 발표치가 예상될 경우 미리 E-MiNi S&P 500지수의 하락에 배팅하거나 좋은 결과가 예상될 경우 상승에 배팅하는 전략을 취할 수 있다. 다만 예상치와 실제치가 다른 경우도 있고 예상과 같은 실제 발표치가 발표되어도 다른 요인들에 생각지 않은 추세가 나오는 경우도 있으니 매매 전 참고하는 것이 바람직하다.

두 번째로 FTSE China A 50 Index지수선물이다. FTSE China A 50 Index는 중국 상해 A주식 중 시가총액 기준 상위 50개 종목을 지수화한 것이다. FTSE China A 50 Index는 SGX 선물거래소를 통해 거래되어 거래시간이 주간과 야간으로 나눠지며, 지수선물이면서도 굉장히 변동성이 높은 편에 속하고 1계약당 증거금이 낮은 특징이 있다.

4〉 FTSE China A 50지수선물의 특징

심볼	F	G	H	J	K	M	N	Q	U	V	X	Z
월	1	2	3	4	5	6	7	8	9	10	11	12

◉ 상품군별 ○ 거래소별

통화 | 지수 | 금리 | 금속 | 농산물 | 에너지 | 축산물

거래소	상품명	품목	거래월물				
HKFE	Hang Seng Index	HSI	201508	201509	201510	201511	201512
HKFE	Mini H-SHARE	MCH	201508	201509	201512	201603	
HKFE	Mini HANG SENG	MHI	201508	201509	201512	201603	
SGX	TSE China A50 Index	SCN	201508	201509	201510	201512	201603
SGX	CNX Nifty Index	SIN	201508	201509	201510	201512	201601
SGX	SGX Nikkei 225 Index	SNK	201509	201510	201511	201512	201601
SGX	MSCI Taiwan Index	STW	201508	201509	201510	201512	201603

상품군별은 지수에서 FTSE China A 50 Index 선물을 찾아볼 수 있다. 거래월물은 2015년 9월을 기준으로 가장 거래량이 많은 상품이 붉은색으로 표시되어 있는 것을 확인할 수 있다.

[해외선물 종합창]

　화면에서 11230.0은 FTSE China A 50 Index선물의 시세를 의미한다. Tick Size가 2.5 단위라는 것은 한 틱당 2.5씩 움직인다는 뜻이고 Tick Value가 2.5라는 것은 1틱이 상승 혹은 하락으로 움직일 때 $2.5(약 3,000원)의 손익이 발생한다는 뜻이다. 만일 10계약을 보유하고 있다면 1틱 변동 시 10틱 × $2.5으로 약 3만원의 손익이 발생된다는 뜻이다. 화면에서 FND/LTD 만기도 확인해볼 수 있다. CME선물거래소의 대부분의 해외선물이 23시간 거래가 되는 반면, SGX선물거래소에서 거래되는 FTSE China A 50 Index는 T세션(주간장)과 T+1세션(야간장)으로 나뉜다. 대부분의 거래와 변동성은 T세션(주간장)에서 나타난다.

5〉 FTSE China A 50지수선물의 매매포인트

FTSE China A 50 Index는 중국 상해지수의 대표종목으로 이루어진 선물지수인 만큼 투자 시 중국증시의 흐름을 면밀히 볼 필요가 있다. 특히 대다수 지수선물의 1계약당 증거금이 다른 선물에 비해 높은 편에 속하지만 FTSE China A 50 Index는 1계약당 증거금이 2백만 원 내외다. 즉 같은 금액으로 더 많은 수의 포지션을 잡을 수 있으며 다른 지수선물 대비 변동성도 굉장히 높아 추세만 맞으면 짧은 시간에 큰 수익을 노려볼 수 있는 상품이다.

[해외선물 종합화면]

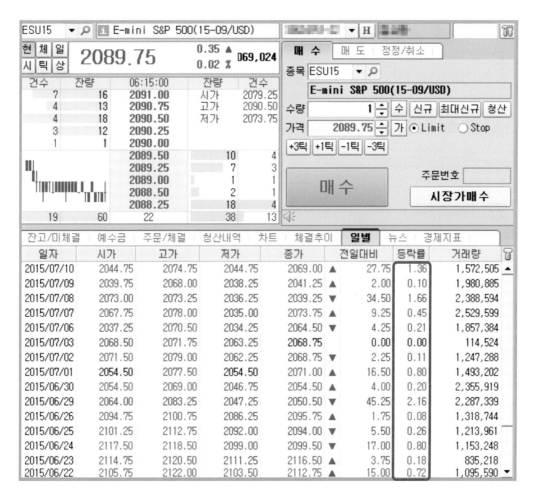

[FTSE China A 50 Index의 일봉차트]

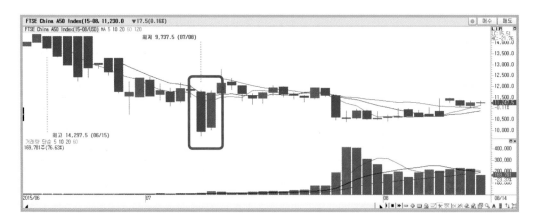

FTSE China A 50 Index는 거래시간도 특징적이지만 상한가와 하한가제도가 있음을 알아야 한다. 2015년 7월 8일과 9일 시세를 예로 들어보면, 7월 8일은 FTSE China A 50 Index선물이 -15% 이상 하락으로 장을 마쳤고 7월 9일에는 +17% 이상 상승했다. 7월 8일에는 하한가를 기록했고 9일에는 상한가를 기록한 것이다. FTSE China A 50 Index의 상·하한가제도는 전일 종가 대비 10% 등락이 일어나면 10%를 도달한 시점에서 10분간 거래가 중지된다. 이후 다시 거래중지가 해소된 후 15% 등락을 기록하면 다시 10분간 거래가 중지되고 그 이후로는 무제한 등락이 일어나도 거래가 중지되지 않는다.

최근 들어 변동성을 더욱 크게 확대하고 있는 FTSE China A 50 Index선물은 중국증시를 추종하기 때문에 중국과 관련된 지표와 중국정부의 경제정책 등을 확인하며 매매에 임해야 한다.

[주요국 경제지표]

08.12 (Wed)	08:50	●	JPY	(일)BOJ 의사록 공개	–	–	–	중	–
	09:30		AUD	(호)Westpac 소비자신뢰지수	7.8%	–	-3.2%	중	
	10:30		AUD	(호)임금물가지수	0.6%	0.6%	0.5%	중	
	13:30	●	JPY	(일)산업생산-예비치, 전월대비	1.1%	0.8%	0.8%	하	
	13:30	●	JPY	(일)3차 산업지수, 전월대비	0.3%	0.1%	-0.6%	하	
	14:30		CNY	(중)산업생산, 전년대비	6.0%	6.7%	6.8%	상	
	14:30		CNY	(중)고정투자자산비율, 연초대비	11.2%	11.5%	11.4%	중	
	14:30		CNY	(중)소매판매, 전년대비	10.5%	10.6%	10.6%	하	
	17:00		EUR	(이)무역수지	2.81B	3.98B	4.14B	하	
	17:30		GBP	(영)주간평균임금, 3개월/년	2.4%	2.8%	3.2%	상	
	17:30		GBP	(영)실업수당청구변동	-4.9K	1.4K	0.2K	상	
	17:30		GBP	(영)실업률	5.6%	5.6%	5.6%	중	
	18:00		CHF	(스)ZEW 경기기대지수	5.9	–	-5.4	하	
	18:00		EUR	(유)산업생산, 전월대비	-0.4%	-0.1%	-0.2%	하	
	19:00		AUD	(호)RBA 로우 부총재 연설	–	–	–	중	

4. 인간의 오랜 욕망의 결정체, 금속선물 이야기

1〉 금속선물 살펴보기

과거 조상들부터 현 시대까지 모든 인류의 사랑을 받아온 금속이 있다. 그것은 바로 '금'이다. 해외선물시장에서는 Gold(금)와 Silver(은)로 대표되는 귀금속선물과 구리(Copper)로 대표되는 금속선물을 거래할 수 있다. 대부분 금선물과 은선물은 통화 인플레이션의 헤징이나 안전자산 투자처로 대표되고, 구리는 산업적인 쓰임새가 다양하다.

금속선물 중 특히 금선물은 변동성이 별로 없다가도 지표가 발표되었을 때 짧은 시간에 급격하게 변동하는 특징이 있다.

[Gold의 분봉차트]

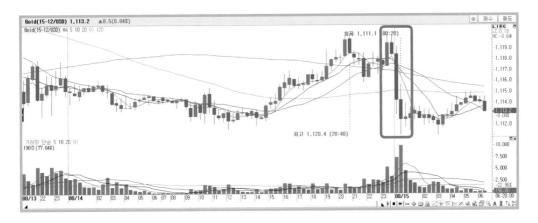

　차트에서 보는 것처럼 짧은 시간에 오르거나 하락하는 모습을 종종 보여주기 때문에 해외선물을 처음 매매하는 투자자에게는 상당히 어려운 종목일 수 있어 주의가 필요하다. 금속선물의 경우 계약당 증거금이 높은 편에 속하는데, 금과 구리는 보통 4백만 원 내외고 은선물의 경우에는 8백만 원 내외로 1계약을 거래할 수 있다. 또한, CME에 상장되어 있는 상품으로 거래시간은 23시간 가능하다.

2〉 금속선물별 특징

　먼저 Gold(금선물)와 Silver(은선물)를 알아보자. 금선물과 은선물은 귀금속선물로 구분되고 해외선물에서 지표에 반응하는 부분도 거의 동일하게 움직이는 특징을 지녔다. 다만 분류하자면, 금의 경우 대표적인 안전자산으로 위험자산을 회피하는 시장분위기가 조성될 때 상승세를 보이는 경향이 있다. 은은 금보다 산업용으로 쓰임새가 더 많다. 또한 금선물을 예를 들면, 미국의 증시가 부정적인 경제지표 등으로 하락하거나 달러가치가 하락할 때 대체 투자수단으로 주목받는 경우가 많다. 그리고 금선물의 경우 전통적으로 금을 선호하는 중국이나 인도에서 수입량을 늘리는 경우 상승흐름을 보이는 경향이 있다.

상품군별은 금속에서 Gold와 Silver선물을 찾아볼 수 있다. 거래월물은 2015년 9월을 기준으로 금선물은 2015년 12월물이, 은선물의 경우 2015년 09월물이 가장 거래량이 많은 상품으로 붉은색 표시가 되어 있는 것을 확인할 수 있다.

[해외선물 종합화면]

화면에서 1113.2은 Gold의 시세를 의미한다. Tick Size가 0.1 단위라는것은 한 틱당 0.1씩 움직인다는 뜻이고 Tick Value가 10이라는 것은 1틱이 상승 혹은 하락으로 움직일 때 $12.5(약 13,000원)의 손익이 발생한다는 뜻이다. 만일 10계약을 보유하고 있다면 1틱 변동 시 10틱 × $10으로 약 10만원의 손익이 발생된다는 뜻이다. 화면에서 FND/LTD 만기도 확인해볼 수 있다.

3〉 금속선물의 매매포인트

금선물과 은선물은 귀금속이라는 공통적인 특징을 바탕으로 대표적인 안전자산으로 분류된다. 차트상으로 보아도 두 선물의 흐름은 크게 다르지 않음을 확인할 수 있다.

[금선물과 은선물의 일봉차트]

　귀금속선물을 매매할 때는 미국의 증시상황과 달러의 강·약세를 확인해야 한다. 지수선물 파트에서 언급했던 것처럼 주요 경제지표가 미국증시에 부정적으로 나올 경우 투자자는 대표적인 위험자산인 증시에서 이탈하는 흐름을 보이게 되고, 이탈된 자금의 상당부분은 금이나 은투자로 대체되게 된다. 또한 대부분의 상품선물과 마찬가지로 귀금속선물도 달러로 표시되는 상품이기 때문에 달러가 강세를 나타내면 하락압력을 받고 달러가 약세를 나타내면 상승압력을 받는다.

　추가적으로 같은 귀금속선물이기 때문에 금과 은선물이 어떤 점이 다른지 궁금할 수 있는데, 가장 큰 차이는 바로 Tick value다. 금선물은 한 틱당 $10의 손익이 발생하지만 은선물의 경우 한틱당 $25라는 엄청난 Tick value를 가지고 있다. 따라서 증거금의 차이는 있지만 같은 계약수에 좀 더 공격적인 투자를 할 경우 은이 금보다 더 매력적일 수 있다.

　다음으로 Copper(구리)가 있다. 구리선물은 쓰임새가 매우 많다. 가장 가깝게 발전소에서 생산된 전력을 가정에 공급할 때도 구리전선을 이용하고 기업에서는 각종 부품의 재료나 군수용품으로도 구리가 사용된다. 구리는 철과 알루미늄 다음으로 산업용으로 많이 쓰이는 대표적인 금속으로, 주요국 특히 중국의 경제가 회복할 때 수요량이 크게 늘어나는 특징을 보이는 상품이다.

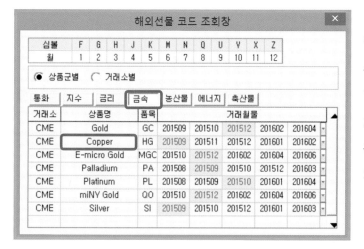

상품군별은 금속에서 구리(Copper)선물을 찾아볼 수 있다. 거래월물은 2015년 9월을 기준으로 가장 거래량이 많은 상품으로 붉은색 표시가 되어 있는 것을 확인할 수 있다.

[해외선물 종합화면]

해당화면에서 2.3430은 Copper의 시세를 의미한다. Tick Size가 0.0005 단위라는 것은 한 틱당 0.0005씩 움직인다는 뜻이고 TickValue가 12.5라는 것은 1틱이 상승 혹은 하락으로 움직일 때 $12.5(약 13,000원)의 손익이 발생한다는 뜻이다. 만일 10계약을 보유하고 있다면 1틱 변동 시 10틱 × $12.5 로 약 13만원의 손익이 발생된다는 뜻이다. 화면에서 FND/LTD 만기도 확인해볼 수 있다.

4〉 구리선물의 매매포인트

구리선물은 원유나 천연가스처럼 지표화되어 발표되는 자료가 상대적으로 부족한 상품
이다. 다만 전 세계 구리의 상당량을 중국에서 소비하고 있기 때문에 중국과 관련된 지표
에 영향에 따라 구리가격도 민감하게 움직이는 경향을 보인다.

[Copper의 일봉차트]

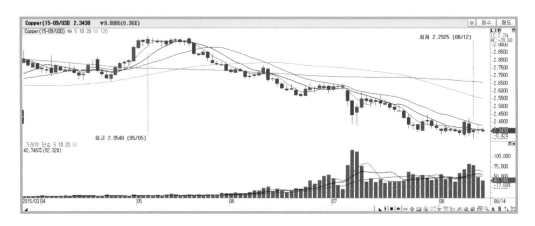

차트에서 구리선물은 중국 경제의 불황 우려감과 달러강세 현상으로 지속적인 하락 추
세에 있다. 다만 중국정부의 적극적인 부양책(위안화 평가절하 및 공적자금 투입) 등으로 대
내·외의 우려와 불신을 극복하려는 적극적인 노력을 펼치고 있고 있어 다시 추세 반등을
기대하는 투자자들도 많다. 구리선물 투자자라면 주간장에서는 중국증시의 움직임과 중
국정부의 정책들을 살피고 야간에는 달러의 방향성이나 미국경제지표에 주의하며 매매한
다면 좋은 결과가 있을 것이다.

5. 세계는 지금 통화전쟁 중, 흥미로운 통화선물 이야기

1〉 통화선물 살펴보기

해외시장에 관심이 있는 투자자라면 미국에서 연일 보도되는 양적완화와 금리인상 관련된 기사들을 자주 접했을 것이다. 미국이 먼저 시장에 인위적으로 돈을 풀어서 경기를 부양하는 양적완화를 시작했고 일본과 유로존 또한 양적완화를 시작했다. 이에 중국마저도 위안화를 달러 대비 평가절하를 하며 환율전쟁에 본격적으로 뛰어들었는데, 세계는 지금 통화의 소리없는 전쟁이 진행 중이다.

해외선물을 통해 거래가 가능한 통화는 다양한 편이다. 대표적으로 Euro Fx(유로화)가 있고 Japanese Yen(엔화), Australian Dollar(호주달러화)가 대표적이다.

통화선물은 대표적인 금융선물의 하나로 각국의 통화정책은 자국 통화가 너무 높거나 낮을 경우 발생하는 부작용을 우려해 일정한 구간에서 가격을 통제하기 마련이다. 따라서 차트에서도 단기적인 박스구간을 등락하는 추세가 자주 나온다. 다만 대내적인 강력한 이슈나 충격에 원웨이 장세도 나올 수 있기 때문에 매매 시 주의가 필요하다.

[Euro Fx의 일봉차트]

2〉 통화선물의 특징

먼저 유로화는 유로존에서 쓰는 대표적인 화폐 중 하나이다. 유로화는 미국 달러화와 엔화와 함께 세계 3대 주요통화 중 하나로, 유로존 국가들의 경제상황이나 EU의 정책에 민감하게 반응한다. Crude Oil선물이 주목받기 전까지 국내에서  해외선물을 투자하는 대부분의 투자자들이 CME 선물거래소에 상장된 Euro Fx(유로달러선물)를 가장 많이 매매했을 정도로 국내에서 투자하는 투자자들에게 친숙한 상품이다.

상품군별은 통화에서 Euro Fx선물을 찾아볼 수 있다. 거래월물은 2015년 9월을 기준으로 가장 거래량이 많은 상품으로 붉은색 표시가 되어 있는 것을 확인할 수 있다.

[해외선물 종합화면]

화면에서 1.1111은 Euro Fx의 시세를 의미한다. 1유로를 기준으로 달러가 1.1111이라는 뜻이다. Tick Size가 0.0001단위라는 것은 한 틱당 0.0001씩 움직인다는 뜻이고 Tick Value가 12.5라는 것은 1틱이 상승 혹은 하락으로 움직일 때 $12.5(약 13,000원)의 손익이 발생한다는 뜻이다. 만일 10계약을 보유하고 있다면 1틱 변동 시 10틱 × $12.5로 약 13만 원의 손익이 발생된다는 뜻이다. 화면에서 FND/LTD 만기도 확인해볼 수 있다.

3〉 Euro Fx의 매매포인트

통화를 거래한다면 가장 먼저 알아야 할 부분은 달러의 방향성이다. 세계의 기축통화는 미국의 달러로, 해외선물의 대부분이 달러화로 가치가 표시된다. 따라서 달러가 강세가 되면 대부분의 해외선물상품들은 하락압력을 받게 되는데, 특히 통화의 방향성을 예상하는 데 가장 큰 영향력을 행사하는 부분이 바로 달러화의 가치다.

지금 미국 달러화의 방향성은 한국의 중앙은 행격인 미국 연방준비제도에서 양적완화나 금리 인상을 통해 결정하게 되는데, 최근 유로화의 긴 하락흐름은 미국에서 조만간 실시될 금리인상의 우려감이 부담으로 작용했기 때문이다. 예를 들어, 유로화의 가치는 그대로인데 반해 달러화의 가치가 미국의 금리인상으로 상승한다면 달러

화로 표시되는 Euro Fx의 가격은 하락한다는 논리다. 유로화의 큰 방향성은 달러의 강세 혹은 약세에 주목하며 매매에 임하면 된다.

[Euro Fx의 주봉차트]

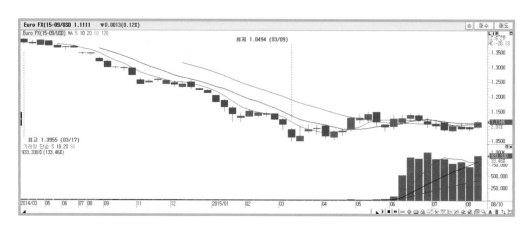

차트에서 보면 유로화는 지속적인 하락세를 보이고 있다. 유로화의 가격하락에는 미국의 금리인상 우려감 외에도 유로존의 통화 정책을 관장하는 EU에서 미국의 양적완화와 같이 시장에 돈을 공급하는 양적완화 정책을 실시했다는 점과 유로존의 가입국인 그리스 등의 경제위기가 반영된 결과다.

다음으로 Australian Dollar(호주달러)를 살펴보자. 호주달러화의 방향성은 중국에 굉장히 민감하게 반응한다. 호주의 주력 수출품은 대부분 농·수산물이나 광·공업에 집중되어 있는데, 호주에서 채취되는 광물의 대부분이 중국으로 수출되고 있기 때문이다. 중국 경제가 활성화되면 호주에서 수출하는 자원들에 수입이 크게 늘어나고 호주통화는 강세를 나타낸다.

상품군별은 통화에서 Australian Dollar선물을 찾아볼 수 있다. 거래월물은 2015년 9월을 기준으로 가장 거래량이 많은 상품으로 붉은색 표시가 되어 있는 것을 확인할 수 있다.

심볼	F	G	H	J	K	M	N	Q	U	V	X	Z
월	1	2	3	4	5	6	7	8	9	10	11	12

● 상품군별   ○ 거래소별

| 통화 | 지수 | 금리 | 금속 | 농산물 | 에너지 | 축산물 |

거래소	상품명	품목	거래월물				
CME	Australian Dollar	6A	201509	201512	201603	201606	201609
CME	British Pound	6B	201509	201512	201603	201606	201609
CME	Canadian Dollar	6C	201509	201512	201603	201606	201609
CME	Euro FX	6E	201509	201512	201603	201606	201609
CME	Japanese Yen	6J	201509	201512	201603	201606	201609
CME	Mexican Peso	6M	201508	201509	201510	201511	201512
CME	New Zealand Dollar	6N	201509	201512	201603	201606	201609
CME	Swiss Franc	6S	201509	201512	201603	201606	201609

[해외선물 종합화면]

    화면에서 0.7138은 Australian Dollar화의 시세를 의미한다. 1호주달러를 기준으로 달러가 0.7138이라는 뜻이다. Tick Size가 0.0001 단위라는 것은 한 틱당 0.0001씩 움직인다는 뜻이고 Tick Value가 10이라는 것은 1틱이 상승 혹은 하락으로 움직일 때 $10(약 11,000원)의 손익이 발생한다는 뜻이다. 만일 10계약을 보유하고 있다면 1틱 변동 시 10틱 × $10 로 약 11만 원의 손익이 발생된다는 뜻이다. 화면에서 FND/LTD 만기도 확인해볼 수 있다.

4〉 호주달러화의 매매포인트

호주달러를 매매할 때는 중국에서 발표되는 이슈나 지표들을 중심으로 매매하고 미국의 지표에 따른 달러의 강세 혹은 약세에 따라 전략을 달리하며 매매하는 것이 좋다. 간단히 말하자면, 중국에서 부진한 지표로 경기가 침체되면 호주의 대외수출이 직격탄을 맞게 될 것이고 이는 호주달러 자체에 강한 하락압력으로 작용하게 된

다. 최근 중국경제의 우려감 속에 대 중국 수출물량이 감소할 수 있을 것이라는 우려감에 호주달러는 장기간 하락압력을 받고 있다. 또한 대부분의 통화들과 동일하게 미국의 양호한 경제지표로 인해 달러가 강세를 보이게 되면 하락압력을 받을 수 있고 반대의 경우 상승압력을 받을 수 있다. 또한 미국 연준의 정책에 따라도 중·장기 추세가 결정될 수 있는데 미국의 금리인상이슈에는 추가 하락압력을 받을 수 있으니 매매 시 참고해야 한다.

마지막으로 매달 1일에는 호주 중앙은행에 기준금리 발표가 있다. 이날 호주 중앙은행에 금리를 올리면 호주달러는 강세를 보일 수 있고, 금리를 인하하면 호주달러는 약세를 보일 수 있다.

AUD   (호)RBA 기준금리결정

6. 친숙한 농·축산물선물 이야기

1〉 농산물선물 살펴보기

　해외선물의 가장 큰 특징 중 하나는 투자할 수 있는 상품이 다양하다는 점이다. 농산물선물의 경우 기존의 통화나 지수 등의 투자에만 익숙했던 투자자들에게 새롭게 다가올 수 있는 시장으로, 아직 국내에서는 그 거래가 크게 활성화되지는 못했으나 미국에서는 이미 활성화된 시장이다. 미국에서 농사를 짓는 농부들은 대부분은 해외선물을 통해 리스크를 헤징하는 매매를 적극적으로 하고 있고 이들의 물량은 농산물선물가격을 결정하는 데 매우 큰 비중을 차지하고 있어 흥미롭다.

　예를 들어, 옥수수 농사를 짓는 농부가 그 해의 수확량이 많아 옥수수 가격이 하락할 것이라 예상되면 먼저 해외선물시장에서 매도 포지션을 구축해 가격 하락 시 발생할 수 있는 리스크를 적극적으로 헤징하고, 반대로 시장에 너무 많은 수확 물량으로 옥수수 가격의 하락이 지속될 때에는 현물의 시장공급을 중단하는 방법으로 가격을 상승시키는 등 농산물시장은 다양한 변수가 존재하는 시장이다.

농산물선물은 대표적으로 Corn(옥수수), Soybean(대두), Soybean Oil(콩기름), Soybean Meal(대두박), Wheat(밀)로 나뉜다. 옥수수는 대부분 사료용이나 기타 에탄올 제조 등의 부가가치를 창출하는 방향으로 많이 쓰이고, 대두박은 대두에서 기름을 짜고 남은 찌꺼기로 축산물의 사료로 주로 쓰이고 있다.

2) 농산물선물의 특징

옥수수는 농산물선물 중 가장 거래량이 많은 상품이다. 옥수수 가격은 미국에서 생산되는 옥수수의 가격을 기초로 해외선물에서 가격이 결정되며 수치는 부쉘(bushel)이라는 단위로 표기된다. 옥수수는 농작물의 특성을 가지고 있기 때문에 파종과 수분, 그리고 추수의 단계를 거치며 파종과 수분의 시기에는 날씨에 대한 변수에 굉장히 민감하게 반응하며 통상 파종은 3월~5월, 생장은 6월~7월경이며 수확인 10월~11월이다. 옥수수의 가격변동은 옥수수 관련 지표들과 날씨에 민감하게 반응하며 10월로 넘어가는 수확기에는 날씨변수에 상대적으로 덜 민감하게 반응하는 경향을 보인다.

상품군별은 농산물에서 Corn(옥수수)선물을 찾아볼 수 있다. 거래월물은 2015년 9월을 기준으로 가장 거래량이 많은 상품으로 붉은색 표시가 되어 있는 것을 확인할 수 있다.

[해외선물 종합화면]

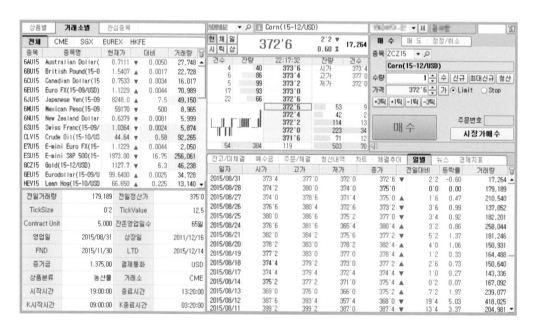

화면에서 372'6은 Corn의 시세를 의미한다. 1부쉘(bushel)당 달러가 3.72라는 뜻이다. Tick Size가 0'2 단위라는것은 한 틱당 0'2씩 움직인다는 뜻이고 Tick Value가 12.5라는 것은 1틱이 상승 혹은 하락으로 움직일 때 $12.5(약 13,000원)의 손익이 발생한다는 뜻이다. 만일 10계약을 보유하고 있다면 1틱 변동 시 10틱 × $12.5로 약 13만 원의 손익이 발생된다는 뜻이다. 화면에서 FND/LTD 만기도 확인해볼 수 있다.

3〉 농산물선물의 매매포인트

 미국에서 생산되는 옥수수는 기본적으로 식용이나 사료로 쓰이는 비율을 제외하고도 산업적인 수요가 상당하다는 부분을 알아야 한다. 미국 내에서는 휘발유에 10%를 의무적으로 에탄올을 첨가하도록 규제화되어 있고 이 에탄올을 만드는 주원료가 옥수수다.

[Corn선물의 월봉차트]

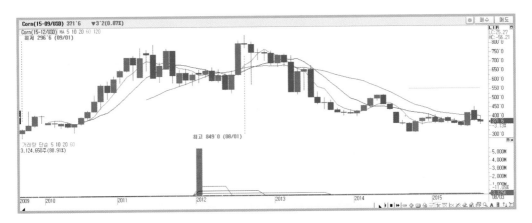

 차트에서 보면 옥수수의 하단이 부쉘당 3'50~4'00선에서 강하게 지지를 받는 것을 확인할 수 있다. 이는 옥수수의 해당 연도에 작황이 풍작으로 인해 수확량이 높게 나오더라도 일정 수준 이하로는 하락압력을 받기 어려운 산업구조를 가졌기 때문이다. 특히 원유의 가격이 높게 형성되면 대체 에너지인 에탄올로 변환되는 옥수수의 비율이 높아져 추가적인 상승압력을 받는 식이다. 단기적으로는 해당 시즌에 옥수수 관련 지표에 따라 대응하며 매매에 임하고 중·장기적 투자는 옥수수 가격이 일정 가격 이하로 떨어졌을 때 진입하는 매매가 바람직할 것이다. 옥수수의 시기에 따른 작황이나 경작률 등은 미국 농무부(www.usda.gov)에서 확인이 가능하다.

4〉 축산물선물 살펴보기

　해외선물에서는 축산물선물도 거래할 수 있다. 대표적으로는 살아있는 소를 거래하는
선물거래인 Live Cattle (생우)과 1차 도축 후 가공된 상태인 Lean Hog(돈육선물)가 있다.
다른 해외선물들과는 다르게 해당 축산물선물은 매우 높은 레버리지와 변동성을 가지고
있어 투자 전 주의가 필요하며 관련 지표도 시장에 공개된 부분이 거의 없어 기술적분석
으로 접근해 매매하는 경우가 대부분이다.

5〉 축산물선물의 특징

　축산물선물에서 대표적으로 거래가 많이 되는
상품은 Live Cattle(생우)이다. Lean Hog(돈육선
물)과 크게 다르지 않는 흐름을 보인다. 다만 다
른 선물들과 비교해봤을 때 거래량이 많은 편은
아니며 매수와 매도의 잔량과 거래량이 얇은 편
이라 호가 왜곡 등이 자주 일어나며 큰손들의 장
난도 많이 일어나는 상품이기도 하다.

상품군별은 축산물에서 Live Cattle(생우)선물을 찾아볼 수 있다. 거래월물은 2015년 9월을 기준으로 가장 거래량이 많은 상품으로 붉은색 표시가 되어 있는 것을 확인할 수 있다.

[해외선물 종합화면]

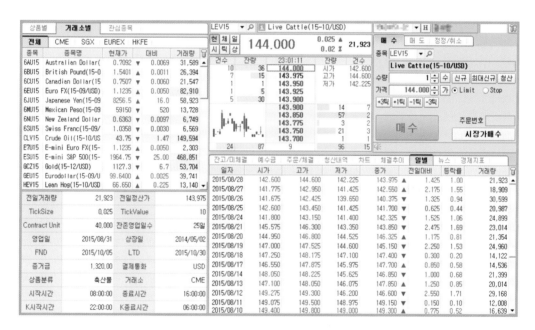

화면에서 144.000은 Live Cattle선물의 시세를 의미한다. 144는 $144를 의미하며 축산물의 경우 상한가와 하한가가 있으니 매매 전 알고 있어야 한다. 144를 기준으로 한다면 상승이나 하락으로 3.0을 초과해서 움직일 수 없다. 예를 들어 상한가는 147이 되며 하한가는 141이 되는 것이다. Tick Size가 0.025 단위라는 것은 한 틱당 0.025씩 움직인다는 뜻이고 Tick Value가 10이라는 것은 1틱이 상승 혹은 하락으로 움직일 때 $10(약

11,000원)의 손익이 발생한다는 뜻이다. 만일 10계약을 보유하고 있다면 1틱 변동 시 10
틱 × $10로 약 11만 원의 손익이 발생된다는 뜻이다. 화면에서 FND/LTD 만기도 확인
할 수 있다.

6〉 축산물선물의 매매포인트

축산물은 긴 흐름으로 보았을 때, 2000년대 초반부터 현재까지 지속적으로 그 가격이
상승하고 있다. 중국 경제가 성장하고 식생활이 서구화됨에 따라 육류 소비가 급증하게
된 것에 가장 큰 이유를 찾을 수 있다.

[Live Cattle선물의 월봉차트]

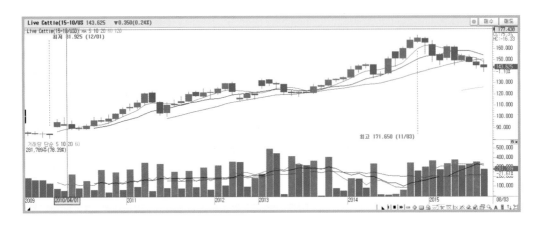

축산물의 큰 흐름은 중국의 경기가 급격히 나빠지지 않는 한 지속적으로 우상향할 것으
로 보는 것이 맞는 의견 같다. 그리고 단기적으로 기술적 눌림목에서 매수나 추세 이탈 시
매도로 임하는 단기투자 매매가 바람직한 상품이다. 변동성 및 레버리지가 매우 높은 상
품으로 투자 후 하루이틀 사이에 수익금의 100% 이상 수익 혹은 큰 손실이 빈번히 일어
나는 상품으로 포지션을 다음날로 넘기는 오버나잇 매매도 바람직하지 않아 보인다. 철저
히 당일 청산을 기준으로 기술적으로 접근하고 짧은 구간에서 수익이나 손절 처리를 하는
매매가 가장 유효한 매매라고 판단된다.

7. 자주 받는 질문 Q&A

1. 은행에서 해외선물계좌 개설 후 등록절차

• 투자정보 확인서 화면에서 투자성향등록을 한 후 투자등급이 1등급(공격투자형),
  파생투자적정성은 '적정'이 나와야 해외파생상품거래가 가능하다.

[0558] 투자자정보확인서	⊞↑T🗕❓ _ ☐ X

안내 **투자자정보확인서** 부적정 거래확인서 해외선물 위험고지등록 FX마진 위험고지등록

투자권유 ○불원 ●희망 정보제공 ●정보제공 ○정보미제공 [유의사항] [나의 투자정보]

최근 정보제공일자는 2013/07/09 로 이전 투자등급은 1 등급 : (공격투자형)이며, 파생투자적정성은 **부적정** 입니다.

◆ 고객께서 작성해 주신 투자자정보의 유효기간은 2년 이며 동기간내에 투자자 정보 변경이 가능합니다.
◆ 투자정보 확인서를 작성해야 신용거래계좌 설정 및 파생상품[선물/옵션,ELW] 매매가 가능하며, 미작성 고객님은
  신용거래계좌 설정 및 파생상품 매매가 제한됩니다.
◆ 작성 후 투자자 정보가 신용거래계좌 설정에 비적합한 경우, 파생상품투자에 비적정인 경우에는 비적합/비적정 거래 확인서
  를 작성해야 신용거래설정 및 파생상품 매매가 가능합니다.
◆ 코스피200선물옵션 야간거래(CME/EUREX)의 경우16:30까지 투자자정보 확인서, 비적합/비적정 거래 확인서 를 작성하여야
  당일 야간거래가 가능합니다.

고객연령	○만19세 이하	○만20세~만40세	○만41세~만50세	○만51세~만60세	○만61세 이상
투자가능기간	○6개월 미만	○6개월 이상~1년 미만	○1년 이상~2년 미만	○2년 이상~3년 미만	○3년 이상
투자경험상품	○안정형상품	○안정추구형 상품	○위험중립형 상품	○적극투자형 상품	○공격형 상품
투자목적	○기존 보유 자산에 대한 위험 해지 목적		○채권이자 주식배당 정도의 수익 실현목적		
	○시장가격변동 추이와 비슷한 수준의 수익실현		○적극적 매매를 통한 수익및원금 초과손실위험 감내가능		
총 자산대비 금융자산 비중	○40% 초과	○30% 초과~40% 이하	○20% 초과~30% 이하	○10% 초과~20% 이하	○10% 이하
고객수입원	○현재 일정한 수입이 없으며, 연금이 주 수입원 임.				
	○현재 일정한 수입이 발생하고 있으나, 향후 감소하거나 불안정할 것으로 예상.				
	○현재 일정한 수입이 발생하고 있으며, 향후 현재 수준을 유지하거나 증가할 것으로 예상.				
손실감내수준	○무슨일이 있어도 원금이 보전되어야 한다.		○투자원금중 최소한의 손실 감수할 수 있을 것 같다.		
	○투자원금중 일부손실을 감수할 수 있을 것 같다.		○기대수익이 높다면 위험이 높아도 상관하지 않겠다.		
연소득	○3천만원미만	○3천만원 이상~6천만원 미만	○6천만원 이상~1억원미만	○1억원 이상~2억원 미만	○2억원 이상
파생투자경험	○없음	○1년 미만	○1년 이상~3년 미만	○3년 이상	
취약한 금융소비자 투자정보	○제공 동의	○제공 미동의			

◆ 귀사가 다음과 같이 취약한 금융소비자를 판단하기 위한 본인의 개인(신용)정보를 수집,이용하는 것에 동의합니다.
가. 수집,이용목적 : 상기 정보수집은 투자성향에 따른 적합한 투자권유(취약계층에게 손실위험 등 상품설명 강화) 및 금융상품에
  대한 불이익 사항을 다른 정보보다 우선적으로 설명하기 위함입니다.
나. 수집,이용항목 : (고령자, 은퇴자, 주부)여부 다. 개인(신용)정보의 보유기간: 2년
라. 동의 거부권리 및 동의 거부시 불이익: 취약한 금융소비자 투자권유시 금융상품에 대한 불이익 사항을 다른 정보보다
  우선적으로 설명해야 하는 의무의 적용이 배제됩니다.

취약한 금융소비자 해당여부 ○예 [□고령자(만 65세 이상)○은퇴자 ○주부 ○기타] ○아니오

[투자성향등록]

◆ 분석결과 ◆ 투자성향파악 결과 [ ] 등급으로 파악 되었습니다. 파생투자적정성이 [ ]으로 파악 되었습니다.

조회가 완료되었습니다.

• 파생투자 적정성이 '부적정'으로 나와 있는 경우 상단 탭에서 '부적정 확인서'를 선택해 파생상품에 체크, 괄호 안의 글을 흰색 칸 안에 입력한 후 '동의함' 버튼을 클릭한다.

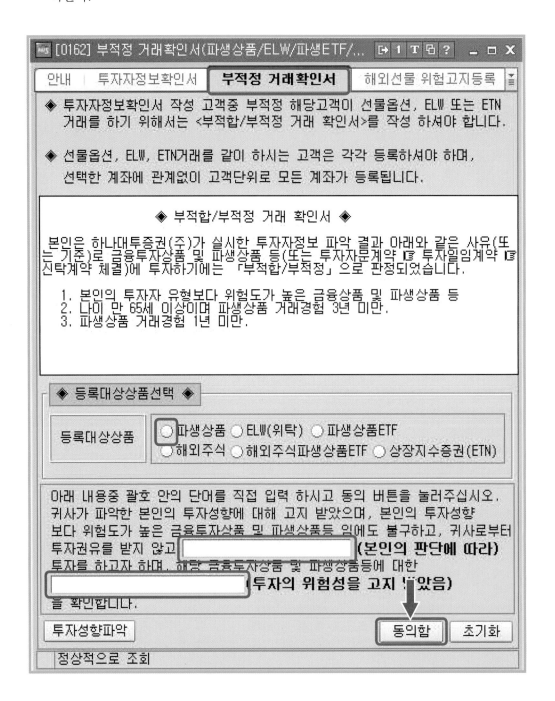

· 신용정보이용 및 보호에 관한 법률 제 32조 1항의 규정에 근거해 신용정보집중기관 및 금융투자협회에 신용정보 제공에 동의해야 한다. 마지막으로 '해외선물 위험고지등록'을 해야 한다. 하단에 굵은 글씨를 흰색 박스칸에 입력하고, 동의 버튼을 클릭한다. 위험고지등록은 매우 중요한 내용이오니, 반드시 동의하기 전 꼼꼼하게 확인하기 바란다.

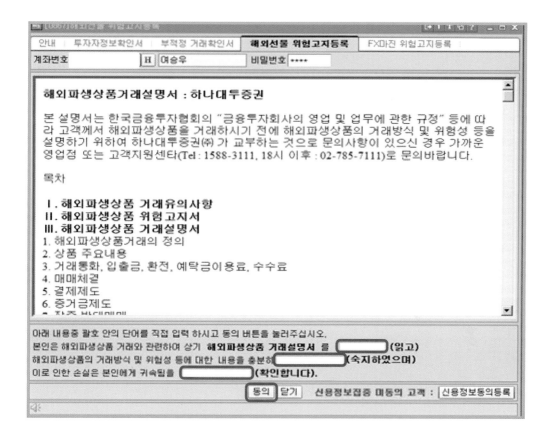

2. 실시간 환전하는 방법

- 해외선물은 대부분 달러로 거래가 되기 때문에 원화 입금 후 달러로 환전을 통해 거래한다.
- 환전은 외환은행 업무시간 09:00~16:00에 가능하다.
- 환전비용은 대략 1달러당 1원 수준이다

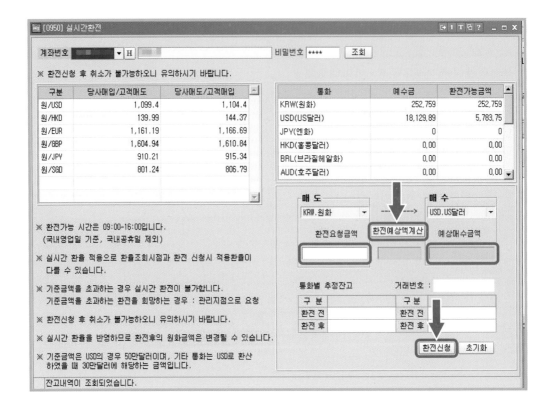

3. 원화증거금 사용등록 / 해지 방법

- 원화증거금은 해외선물거래 고객의 편의를 위해 달러로 환전하지 않고, 해외선물 계좌로 입금한 원화의 95%까지 매매할 수 있도록 설정하는 화면이 있다.
- 자동환전에 체크하는 경우, 계좌의 추가증거금 발생 시 해외선물 계좌에 남아있는 원화가 자동적으로 환전 처리된다.

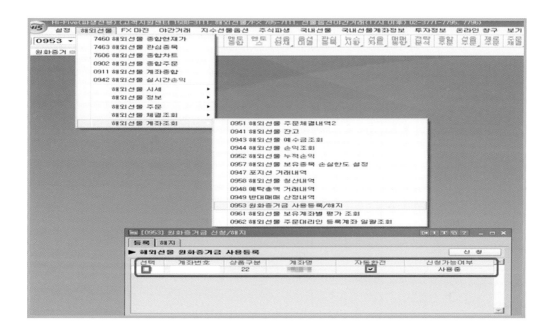

4. 관리자 등록 방법

해외선물의 경우 관리자를 등록하면 수수료를 절감할 수 있게 협의가 가능해진다. 관리자 등록 후 해당 관리자에게 통보요청을 하면 된다.

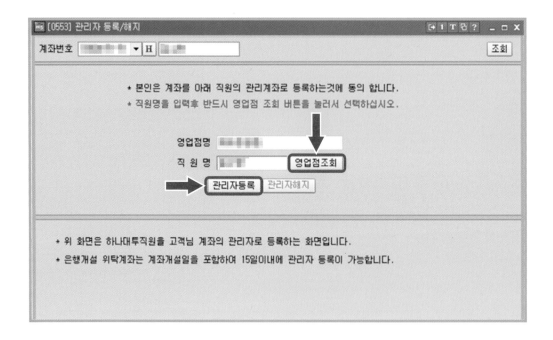

5. 각 상품들의 증거금 확인 방법

아래 화면에서 증거금을 확인한다. 달러로 표기되어 있다.

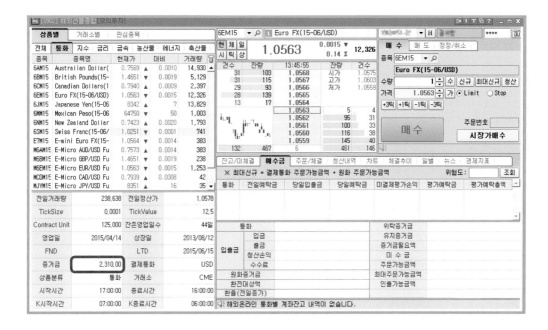

6. 틱 벨류(Tick Value)란?

포지션 진입 후 호가 1틱이 움직일 때 발생하는 수익이나 손실을 말한다.

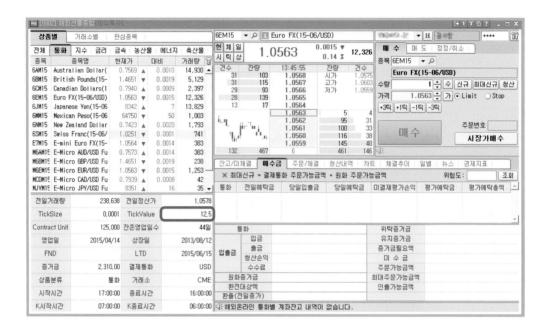

예를 들어 Euro Fx의 Tick Value는 $12.5로 1틱이 움직일 때마다 손익이 $12.5씩 발생(약 13,000원)한다.

7. 해외선물의 만기 확인

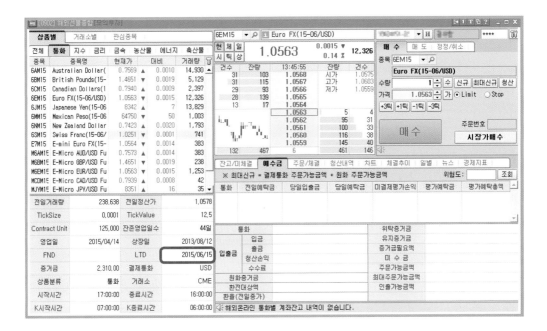

만기일이 6월 15일이라면 6월 15일 새벽 00시 30분에 자동으로 반대매매(청산)된다. 6월 14일부터는 신규진입이 전산에서 막히고 청산만 가능하다.

8. 해외선물의 Size 구분

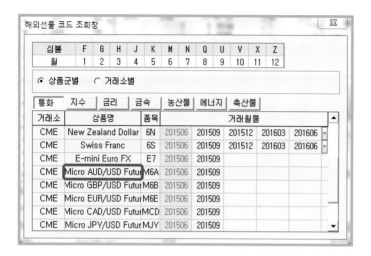

• Standard Size : 표준형, E-Mini : 1/2, Micro : 1/10

예를 들어, 1계약에 $1,000 하는 상품이 있다면? 크기 증거금의 구분은 다음과 같다.

• Standard Size : $1,000 , E-Mini : $500, Micro : $100

• 참고로 손익도 1/2, 1/10이 된다

9. 클릭주문창을 활용하라

· 간편매매를 위한 클릭주문창을 활용해야 급변하는 시세에 정확한 진입과 청산이 가능해진다.

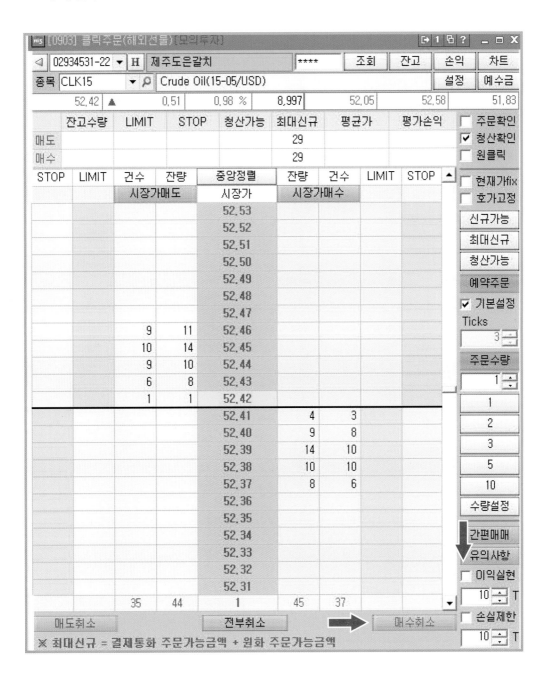

10. 클릭주문창 활용법 등의 동영상이 있으니 활용하면 도움이 될 것이다.

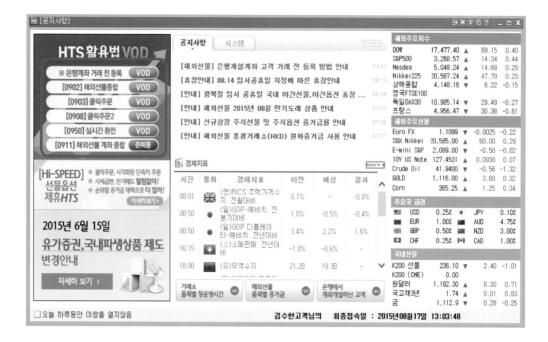

11. 주요국 경제지표를 수시로 확인하라.

8. 고수들의 매매전략과 팁을 흉내내자

1〉 투자의 기본 원칙

모든 투자에 있어 가장 중요한 것은 돈을 벌기보다는 자신의 원금을 지키는 것이다. 시장에 참여하다 보면 다양한 기회와 위기를 마주하게 되는데, 좋은 기회에 아무리 수익을 크게 기록해도 추후 리스크 관리에 실패해 손실이 더 크다면 결국엔 실패한 투자가 된다. 아주 간단한 이야기지만 오늘도 수많은 투자자들이 기본적인 원칙을 지키지 못하고 투자에 실패하고 있다. 이 부분은 파생시장에 참여한 투자자들이라면 더욱 지켜야 하는 원칙이며 주식시장이나 펀드시장에 투자하는 방식과 같이 투자해서는 수익을 지키기 어려운 시장이 파생시장이다.

해외선물은 기본적으로 레버리지가 매우 높은 시장이다. 여기서 레버리지라 함은 증거금이라고 하는 작은 돈으로 투자하지만 실제로는 몇 십 배의 돈을 움직이는 효과를 얻는 것으로 방향성에 맞는 투자를 하면 수익은 극대화 되지만 반대의 경우라면 손실이 극대화될 수 있다.

[투자 상품에 대한 레버리지 비교]

투자 대상 상품	레버리지	원금초과손실 가능 여부
주식	1배	없음
국내선물	약 7~9배	가능
해외선물	약 30~40배	가능

주식에서는 특별한 경우, 이를 테면 신용이나 담보대출을 이용한 레버리지를 쓰지 않는 경우라면 원금초과손실의 위험은 없다. 따라서 투자 후 원하는 방향으로 흐름이 나타나지 않더라도 반등을 기다릴 수 있다. 국내선물·옵션의 경우 레버리지가 약 7~9배로 1,300만원 수준의 증거금으로 약 1억 내외의 돈을 거래하는 효과를 가진다. 원하는 방향으로 선물의 가격이 움직이지 않을 경우 추가증거금(손실로 인해 계좌잔고가 유지증거금 이하로 떨어질 경우 다시 위탁증거금 수준으로 돈을 입금해야 하는 제도)이 발생할 수 있으며 극단적으로 움직일 경우 계좌에 미수가 발생하는 것이 가능한 시장이다.

해외선물은 일단 레버리지에서 국내선물의 4배~5배가 넘는 상품들이 많다. 높은 변동성을 동반하면 계좌가 순식간에 몇 배로 수익금이 불어날수도 있지만 반대로 짧은 시간에 원금에 큰 손실을 일으킬 수 있는 리스크가 높은 시장이다. 또한 국내선물과 같이 추가증거금라는 제도가 있어 증거금 이하로 떨어지면 변제의 의무가 발생하며 장중위험도 반대매매라는 시장 변동성 리스크에 대비하는 안전 장치가 따로 존재한다. 장중위험도 반대매매는 간단히 말해 계좌에 손실금액이 전체 투자 금액에 약 80%를 초과할 경우 전산에서 실시간으로 반대매매로 모든 포지션을 정리하는 투자자 계좌의 미수 예방책이다.

여기서 각 시장의 특징을 언급한 가장 큰 이유는 내가 투자하는 대상 상품에 따라 투자 전략을 수립해야 하는 점이 중요하기 때문이다. 내가 해외선물에 투자한다고 하면 주식시장에 투자하는 매매전략으로는 수익을 내기 어렵다는 점이다. 주식시장과 해외선물시장의 가장 큰 차이는 손실을 감내할 수 있는 범위다. 일반적으로 해외선물은 종목별 증거금에 따라 투자금액이 결정되며 해당 종목의 증거금에서 (-)10% 정도 손실이 발생하면 추가증거금이 발생되기 때문에 리스크 관리가 필수적이다.

2> 초보 투자자와 고수들의 차이

필자는 증권사에 다년간 근무하며 수많은 계좌들을 보아왔다. 그 중에는 정말 작은 금액으로 엄청난 수익을 본 투자자들도 보았고 반대로 큰 손실을 보는 투자자들도 물론 보았다. 해외선물시장에 처음 입문하는 투자자들이 가장 쉽게 할 수 있는 실수들을 중심으로 적었으니 매매 전 참고하길 바란다.

A. 손절

주변에 매매를 좀 하거나 각종 세미나에서 강연하는 전문가들을 보면 항상 공통적으로 하는 말이 있다. "손절을 칼 같이 하라"라는 이 말은 투자를 처음 접하는 투자자라고 해도 익숙할 정도로 자주 언급되는 말이다. 주식보다 해외선물에서는 손절 원칙을 더욱 잘 지켜야 하는 이유는 변동성과 레버리지 때문이다.

[Crude Oil의 일봉차트]

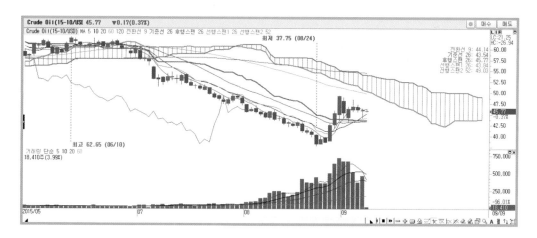

차트에서 Crude Oil이 2015년 5월경 대략 $60 부근에서 한 달가량 횡보했다. 7월초에 큰 음봉을 보이며 하락했는데 이때 Crude Oil 하락이 일시적인 것으로 판단하고 1계약을 $57선으로 매수 보유했다고 가정하자. 만약 손절을 하지 않고 버텼다면 8월말 기준

으로 $40까지 하락, 계좌에는 Crude Oil 매수 1계약으로 손실이 (-)1,700만 원 이상 발생한 것으로 가정해볼 수 있다.

일반적으로 초보 투자자들의 특징은 투자 실패로 인한 손실 인정에 인색하다는 점이다. Crude Oil이 배럴당 $57에서 $55 혹은 $53까지 하락해도 물타기를 하거나 돈을 추가로 입금함으로써 다시 반등의 기회를 노린다. 만약 이런 전략으로 반등이 나와서 원금청산 혹은 약간의 수익청산이 한두 번은 가능할지 모르겠지만 수없이 많은 투자시점 중에 1번이라도 극단적으로 하락하는 현상이 나오게 되면 원금에 큰 손실을 볼 수 있다. 고수들은 진입시점 이후 일정수준 이하로 손실이 발생하면 바로 해당 포지션을 청산하고 추세를 다시 판단한다. 따라서 똑같이 Crude Oil을 $57에 매수로 진입했더라도 Crude Oil이 $56.8~56.5 부근에서는 투자실패를 인정하고 빠르게 청산해야 한다. 그리고 매수관점으로 봤으나 추세가 하락이라면 매도로 재진입해 수익으로 전환한다. 빠른 손절과 추세추종은 해외선물 매매의 가장 기본적인 원칙이다.

B. 역추세매매

역추세매매 그 자체는 굉장히 매력적인 매매방법이다. 추세가 전환되는 부분에서 잘 진입한 역추세 포지션은 수익률을 극대화할 수 있다.

[Live Cattle의 일봉차트 ①]

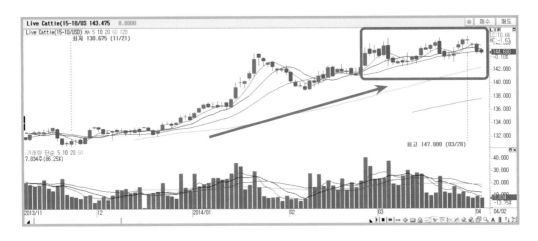

축산물선물 중 하나인 Live Cattle은 중국의 경제성장에 따른 육류 소비 증가로 꾸준히 상승했다. 차트에서 보면 $144 부근에서 저항에 부딪히며 횡보하는 모습을 보인다. 기술적으로 역추세 매도 전략을 취하기 좋은 차트인데, 그 다음 날짜의 차트를 보자.

[Live Cattle의 일봉차트 ②]

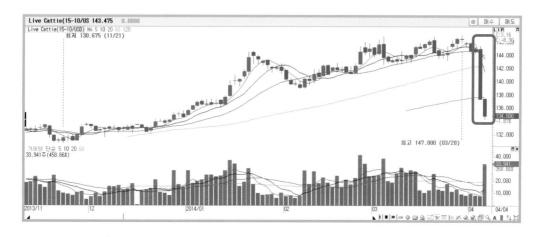

이번의 예는 극단적이기는 하지만 역추세매매가 좋은 타이밍에 취했을 때 큰 수익을 줄 수 있다는 것을 보여주는 것이다. 다만 해외선물에서 초보 투자자가 역추세로의 전환하는 시작점을 잡기란 크게 어려운 것이 사실이기 때문에 초기 투자자가 역추세매매를 주로 구사하는 것은 바람직하지 않고 투자하는 상품이 어느 정도 흐름이 눈에 들어오기 시작하는 시기부터 전략적으로 임하는 것이 바람직하다.

C. 수익률 관리

일반적으로 해외선물투자에서 고수라고 할 수 있는 투자자들의 특징을 보면 손실을 길게 가져가지 않는 특징을 공통적으로 볼 수 있다. 자신이 예상한 방향에서 일정 수준 이상 이탈하게 된다면 망설임 없이 포지션을 청산하고 현 추세에 맞게 매매를 한다. 해외선물시장에서 손절은 아무리 강조해도 지나치지 않는 시장으로 보통 5% 내외 손절 수준이 가장 일반적이다. 반대의 경우에도 고수와 초보 투자자들의 대응에는 차이가 많다.

예를 들면, 초보 투자자들은 계좌에 수익이 발생할 경우 손실이 발생했을 때보다 더 초조한 모습을 자주 보인다. 계좌에 수익이 100만 원 가량 발생했다가 수익이 70만 원 정도로 줄어들면 30만 원 손실을 본 느낌을 갖는다. 이런 자세는 수익을 극대화하는 데 굉장히 바람직하지 않은 자세다. 고수는 수익이 발생하면 그 수익이 늘어나거나 줄어드는 것에 큰 영향을 받지 않는다. 즉 계좌의 평가금액의 증감에 초조해하지 않고 자신이 예상한 방향대로 움직일 경우 여유를 가지고 기다려 더 큰 수익을 만들어내곤 한다.

해외선물과 같이 높은 변동성과 높은 레버리지 시장에서 수익을 거두었다면 발생한 수익의 일정한 비율을 레버리지가 낮은 다른 시장으로 투자하는 것도 리스크의 분산차원이나 수익금을 지키는 데 매우 바람직하다. 해외선물로 100만 원의 수익을 거두었다면 20%는 주식시장에, 10%는 ETF시장 등으로 분산투자하는 식이다. 고수들은 매매 후 계좌에 일정 수준 이상의 수익금이 쌓이면 재투자를 반복하는 것이 아니라 출금이나 분산투자 등을 하는 데 익숙하다는 점을 참고하기 바란다.

D. 기관과 법인들의 투자

개인들이 매매를 하다 보면 흔하게 드는 생각 중 한 가지는 기관이나 법인은 어떤 방식으로 매매를 하는지 궁금증이 들 수 있다. 사실 기관이나 법인들이라고 해서 항상 수익을 내는 것은 아니다. 또한 이들의 대부분의 투자는 투기성 매매라기 보다는 리스크를 감소시키는 헤징이 많고 대부분의 매매 또한 트레이더들이 직접 손으로 하는 매매보다는 일정한 로직을 시스템화해서 일정조건 달성 시 전산으로 주문이 자동으로 들어가도록 하는 식이 많다.

리스크를 헤징하는 매매라는 것은 간단히 설명해서 구리를 현물로 많이 가지고 있는 법인이 있다면, 구리 현물 가격이 하락할 경우, 이 법인은 원치 않는 기업가치 하락 리스크에 노출될 수 있다. 이럴 경우 구리선물을 매도로 보유하게 되면 구리가격 하락 시 선물 포지션에서 발생하는 수익으로 현물에서 발생한 손실이 상쇄될 수 있다.

국내 개인 투자자들은 북한 등의 지정학적 리크스에 자주 노출되어서 그런지, 역추세매매를 크게 선호하는 경향을 보인다. 하지만 해외선물에 투자하는 기관이나 법인 투자자는 대부분 추세를 역행하는 매매를 하는 경우가 드물고 이는 고수들의 투자 방법과도 일치하는 부분이다. 역추세매매는 진입하는 순간부터 손실이 발생할 가능성이 높고 심리적으로도 크게 위축될 수 있기 때문에 해외선물을 투자하는 투자자들은 추세추종이라는 가장 기본적인 원칙을 잊지 않는다면, 매 순간 좋은 투자를 할 수 있을 것이라 믿는다.

해외선물 실전로드맵
- 기초편

1. 해외선물의 기초 지식

1> 해외선물이란?

유가가 폭락했다, 금값이 폭락했다는 언론보도를 많이 들어보셨을 것입니다. 금선물의 가격, 달러의 환율 등이 바로 해외선물에 속합니다. 해외선물이란 무엇인가에 대해 알아보도록 하겠습니다.

해외선물은 전 세계에 있는 선물거래소에 상장되어 있는 금융선물과 원자재선물을 총칭하는 말로, 주가지수, 통화, 금리, 귀금속, 비철금속, 에너지, 농산물 등 다양한 해외선물상품을 의미합니다.

해외선물 [금융선물상품]

주가지수선물 : 미국Dow지수, S&P500, 나스닥지수, 일본NikKei225, 홍콩항셍지수 등
금리지수선물 : 영국Libor, 일본장기국채, 미국재무성채권 등
통화상품 : 유로화, 스위스프랑화, 일본엔화, 영국파운드화, 호주달러화, 캐나다달러화 등

해외선물 [원자재선물상품]

에너지 : 원유, 난방유, 가솔린, 천연가스, 전력
비철금속 : 구리, 알루미늄, 아연, 주석, 니켈
금 : 금, 은, 백금, 팔라듐
연성상품 : 커피, 코코아, 원당, 고무, 원면
축산 : 소, 돼지고기 등
농산물 : 옥수수, 대두, 대두유, 대두박, 밀, 쌀 등

2〉 해외선물거래란?

시장에서 상품을 거래하기 위해서는 수요·공급의 원칙에 따라 참여자, 즉 매수자와 매도자 사이에 시장가격이 형성되며, 이에 따른 여러 조건 등에 서로 합의하게 되면 상품과 화폐를 서로 주고받으며 거래가 성사됩니다. 이와 같이 금융시장에서 거래시점에 직접 주고받는 형태의 거래를 현물거래(Spot Transaction)라고 합니다.

이런 현물거래에서 파생된 거래를 선물거래(Futures Transaction)라 하는데, 이는 거래시점에 거래가격와 조건 등을 합의해 계약하지만, 현재가 아닌 미래의 일정시점에 상품과 화폐를 서로 주고받기로 약속하는 형태의 거래를 말합니다.

이처럼 현시점에 미래시점의 매매를 약속하는 거래를 개인적으로 1:1 직접 거래를 하느냐 아니면 서로 합의한 지정장소에서 규격된 상품단위와 가격으로 공정한 중개인에 의해 거래를 하느냐에 따라 선도거래(Forward Transaction)와 선물거래(Futures Transaction)로 구분됩니다.

해외선물거래는 해외에 위치한 각국의 선물거래소에 상장된 규격상품에 대해 중개인을 통한 공정거래를 하는 것을 말하며, 이를 거래하기 위해서는 해외선물거래소에서 상품마다 지정한 증거금을 납입해야 하며, 거래 성사를 위해 중개인에게 수수료를 지급하게 됩니다.

해외선물거래소에서 정한 상품별 증거금은 상품가격 대비 낮은 수준의 계약금 형태인 적은 금액으로 더 많은 상품을 거래할 수 있으며, 이를 레버리지(Leverage) 효과라고 합니다. 이러한 레버리지 효과로 인해 해외선물거래는 현물거래에 비해 평균 20~30배의 큰 규모의 계약으로 거래가 가능하며 시장가격의 변동 여부에 따라 큰 수익과 동시에 큰 위험에 노출됩니다. 그러므로 투자자의 매매성향에 맞는 레버리지의 선택이 상당히 중요합니다.

3〉 세계 주요 파생상품거래소

세계 국가별 주요 해외선물거래소

CME GROUP : 시카고 소재의 세계 최대 파생상품거래소

EUEREX : 유럽 최대 파생상품거래소

SGX: 싱가폴 증권거래소

ICE : 영국의 대표적인 에너지상품거래소

HKEX : 홍콩증권거래소

A. CME Group

CME Group은 CME(Chicago Mercantile Exchang), CBOT(Chicago Board of Trade), COMEX(COMmoddity EXchange), NYMEX(New York Mercantile EXchange), KCBT(Kansas City Board of Trade)와 인수 합병을 통해 거듭난 세계 최대의 선물옵션거래소입니다.

전 세계 선물상품의 약 70%를 거래할 수 있으며 각국의 주요 지수선물, 통화선물, 금리선물과 에너지, 귀금속, 농축산물 등 주요 상품선물들이 거래되고 있다, 연간 평균 거래량은 약 1,000조 달러 가치의 약 30억 계약 정도로, 세계 최대의 거래소입니다.

1948년, 미국 시카고에서 CBOT라는 이름으로 세계 첫 번째 거래소가 개설된 이래, 여러 차례의 합병을 통해서 지금의 CME Group이 되었습니다, 오랜 역사가 말해주듯 세계에서 가장 넓은 범위의 가장 다양한 상품을 보유하고 있습니다. CME Clearing이라는 자회사를 보유하고 있으며 청산, 결제 처리까지 하며 CME Globex라는 거래 플랫폼도 갖추고 있어 전 세계 150여개 이상의 국가에서 CME Group 전체 거래량의 약 70%를 처리하고 있습니다.

B. EUREX

EUREX는 1998년 독일의 DTB(독일 파생상품거래소)와 스위스 SOFFEX(스위치 옵션/금융선물거래소)가 합병되어 만들어진 유럽 내 최대 파생상품거래소입니다. EUREX는 효율적인 통합시스템을 바탕으로 매년 수많은 거래량을 기록하며 전 세계에서 성공적인 거래소로서의 면모를 이어가고 있습니다.

연간 거래량은 약 15억 계약에 달하며 지수, 금리 등 다양한 금융파생상품이 주로 거래되고 있으며 국내파생상품 투자자들이 많이 거래하는 KOSPI 200 옵션의 야간 시장도 EUREX에 연계 상장되어 최근에는 한국의 파생상품 투자자뿐만 아니라 전 세계 다양한 투자자들의 거래 비중도 점점 늘어나는 추세입니다.

EUREX는 EUREX Group의 자회사로, 미국의 지수옵션 및 ETF 상품이 거래되는 ISE(International Securities Exchange), 그리고 전력, 천연가스, 탄소배출권, 석탄 등이 거래되는 EEX(European Energy eXchange)와 함께 EUREX Group의 3대 거래소로 불려집니다. 또한, EUREX Group은 CME Group과 유사한 구조로, EUREX Clearing이라는 청산, 결제회사를 보유하고 있으며 EUREX Bonds와 EUREX Repo라는 계열사들을 통해 채권 전산 거래 및 유로통화 자금조달 등의 역할을 담당하고 있는, 명실상부한 유럽 최고의 금융파생상품거래소 그룹으로 손색없는 위치에 자리하고 있습니다. Eurex의 대표적 상품들로는 Euro-Bund, Euro Bobl, Euro-Schatz선물의 세 가지로, 이들 상품이 거래소 전체 거래량의 절반 이상을 차지하고 있습니다. Eurex U.S.는 Euronext와 LSE의 합병으로 유럽시장에서의 입지가 약해지는 것을 대비해 해외시장을 개척하기 위해서 미국에 세워진 거래소입니다. Eurex U.S.에서 거래되는 상품으로는 미국채선물·옵션, 유로금리상품, DAX, Dow Jones Euro, Stoxx 50 SM 등 유럽의 대표적인 지수상품들이 있습니다.

C. SGX

SGX는 기존의 SES(Stock Exchange of Singapore, 싱가폴증권거래소), SIMEX(Singapore International Monetary EXchange, 싱가폴국제통화거래소), 그리고 SCCS(Securities Clearing and Computer Services ptd.Ltd.)가 SGX라는 하나의 새로운 주식을 발행해 지주회사로 출범한 거래소입니다.

아시아에서 경제규모가 가장 큰 3개국(중국, 인도, 일본)의 지수선물상품을 상장시킨 아시아의 대표 거래소라고 할 수 있습니다, 또한 아시아태평양거래소 중에서는 ASK(호주증권거래소)와 함께 유일하게 증시에 상장되어 있는 거래소입니다,

SGX에서는 다양한 아시아 국가의 지수선물을 거래할 수 있는 것이 주요 특징입니다, 대표적인 지수선물은 일본 Nikkei 225 index, 대만 Taiwan index, 중국 China A50 index, 인도 Nifty index , MSCI 싱가폴 index, MSCI 인도네시아 index 등 아시아를 대표하는 각 주요 국가들의 지수를 기초자산으로 하는 파생상품입니다. 주요 거래되는 상장된 상품들이 대부분 국내상품이 아닌 외국상품들로 구성되어 있으며, 대표적으로 NIKKEI 225 지수선물이 국내투자자들에게 큰 인기를 얻고 있습니다.

이외에도, 통화(중국위안화, 일본엔화, 호주달러화 등), 에너지, 농산물, 기타 다른 경쟁 거래소와의 차별성과 상품 다변화를 추구하기 위해 꾸준히 새로운 상품의 상장에 노력하고 있습니다.

D. ICE

Intercontinental Exchange

ICE(InterContinental Exchange)는 Jeffrey C. Sprecher라는 전력 생산 개발자가 천연 가스 시장의 투명성 제고와 인터넷을 이용한 더 편리한 거래 시스템의 필요성을 인지해 2000년, Goldman Sachs, Morgan Stanley, BP, Total, Deutsche Bank, Societe Generale 등 주요 투자은행과 에너지 회사들의 자본력을 바탕으로 Continental Power Exchange Inc.를 인수해 설립한 거래소 그룹입니다.

이후 2001년, IPE(국제석유거래소). NYBOT(뉴욕상품거래소). NYSE Euronext(뉴욕증권거래소) 등의 거래소 인수합병을 통해, 에너지, 소프트원자재, 금융파생상품 등의 상품군을 확대해 초대형 거래소로 성장했습니다. 국내에서 가장 거래가 많이 이루어지는 ICE 거래상품은 ICE US의 소프트 원자재 파생상품과 ICE Europe의 에너지 파생상품입니다. ICE에서는 거래소에 상장되어 있는 장내의 에너지 파생상품뿐만 아니라, 장외로 거래되는 파생상품의 청산 업무도 발달되어 있습니다. 최근에는 유럽 내에서 탄소 배출권과 같은 기후 관련 파생상품의 거래량도 증가하고 있습니다.

E. HKEX

홍콩선물거래소는 1977년 면화 및 설탕선물거래를 시작으로 발족했고 1986년에는 항생지수선물거래를 개시해 종합적인 선물거래소로의 성장하면서, 1999년 3월 중화인민공화국 홍콩 특별행정구 재무부의 개혁안에 의거해 기존의 SEHK(the Stock Exchange of Hong Kong limited. 홍콩증권거래소)와 HKFE(Hong Kong Futures Exchange limited, 홍콩선물거래소), 그리고 HKSCC(Hong Kong Securities Clearing Company limited. 홍콩증권청산소)를 하나의 단일 지주회사로 출범하게 되었습니다.

HKEX는 2000년대 중반, 중국 본토 대형 기업들이 대거 홍콩의 주식시장에 상장함에 따라 전 세계의 주목을 받기 시작했습니다. 중국의 금융시장이 개방하기 이전에는 중국 기업들이 외국인을 대상으로 자금을 조달하는 것이 어려웠기 때문에, 홍콩 특별 행정구 소재의 거래소를 이용해 기업공개를 하게 되었다, 이에 따라, G2인 중국의 기업들이 세계금융시장이라는 무대에 진출하게 되었고, 자연스럽게 상장된 중국 기업들로 구성되는 H-shares index가 펀드시장에서 많은 관심을 받게 되었습니다.

HKEX의 대표 상품 역시 중국 경기와 흐름을 같이 하는 대표 지수상품인 H-shares Index Futures입니다. H-shares Index선물상품은 SGX에 상장되어 있는 FTSE China A50 index선물상품과 함께 중국 관련 양대지수파생상품으로, 중국 위안화로 발행된 중국 주요 기업들의 주식이 홍콩의 Hangseng Index사가 산출하는 수치를 기초자산으로 해 상장된 장내지수파생상품입니다.

최근에는 파생상품에 대한 거래 다변화를 위해, 2012년 12월 영국의 대표적인 비철금속거래소인 LME(London Metal Exchange, 전 세계 비철금속 거래량의 70% 이상)를 인수했고, 이를 통해 유럽원자재 시장에서 중국계 자금이 크게 주목을 받기도 했습니다.

■ 세계 주요 해외선물거래소 요약(출처 : 삼성선물)

지역	거래소	소개
미국	CME	Chicago Mercantile Exchange(시카고상업거래소) · 시카고상업거래소(CME)가 시카고상품거래소(CBOT), 뉴욕상업거래(NYMEX)를 합병해 만들어진 세계 최대 파생상품거래소 · 2007년 CBOT & NYMEX의 인수합병, 세계 제1위의 거래소 **주요 거래 종목** [지수] S&P500, NASDAQ-100, DJIA, S&P Midcap [통화] 유로, 엔, 파운드, 호주달러, 스위스프랑 [금리] 미 채권 30yr, 10yr, 5yr, 2yr, 유로달러, Libor [에너지] 원유, 천연가스, 난방유, RBPB 가솔린 [농산물] 옥수수, 소맥, 대두, 대두유, 대두박, Live Cattle, Lean Hog [금속] 금, 은, 구리
	CBOT	· 1848년 설립된 미국 최고(最古)의 거래소, 2007년 CME와 합병 **주요 거래 종목** [지수] Dow, Mini Dow [농산물] 옥수수, 소맥, 대두, 대두유, 대두박, Live Cattle, Lean Hog [금리] 미 채권 30yr, 10yr, 5yr, 2yr, 유로달러
	NYMEX	New York Merchantile Exchange(뉴욕상업거래소) · 세계 최대의 상품거래소, NYME & COMEX(New York Commondity Ex) 구성 **주요 거래 종목** [에너지] 원유, 천연가스, 난방유, RBOB 가솔린 [금속] 금, 은, 구리

유럽	ICE	Intercontinental Exchange(대륙간거래소) · 2000년 영국 설립, 원유/천연가스/농산물/통화 거래(2007년 NYBOT 인수) · 2001년 IPE 흡수합병해 전세계 주요 에너지 거취소로 자리함. · 2007년 NYBOT 인수 후 미국선물거래소로 명칭 변경 · 2007년 위니릭상품거래소 인수 후 ICE 캐나다선물로 명칭 변경 **주요 거래 종목** [지수] 달러인덱스, 러셀20000 [에너지] WTI원유, Brend 원유, 천연가스, 탄소배출권 [농산물] 원면, 커피, 코코아, 설탕, 오렌지 주스
	LME	London Metal Exchange(런던금속거래소) · 1877년 설립된 세계 최대 비철금속거래소 · 세계 비철금속거래의 중심, 이곳에서 결정되는 가격을 'LME'가격이라고 하며, 세계에서 거래하는 가격의 기준이 됨. · 오전, 오후 두 차례에 걸쳐 동, 아연, 납, 주석, 알루미늄, 니켈 등을 거래 **주요 거래 종목** [비철] 구리, 알루미늄, 아연, 납, 주석, 니켈
	EUREX	· 1998년 독일파생상품거래소(DTB)와 스위스선물거래소(SOFFEX)의 합병으로 출범한 유럽 최대 파생상품거래소 **주요 거래 종목** [금리] Euro-Bund, Euro-Bobl, Euro Schatz [지수] DAX Swiss Market Index DJ EURO STOXX
	EURONEXT	· 2000년 파리&암스테르담&브뤼셀 3개국 통합 증권선물거래소 · 2002년 런던국제금융선물거래소(LIFFE)인수, EURONEXT LIFFE 설립 · 미국 뉴욕증권거래소(NYSE)와 범유럽 증권거래소인 EURONEXT의 합병으로 NYSE Euronext 출범 **주요 거래 종목** [금리] Gift Futures [지수] FTSE 100, CAC40 [농산물] 코코아, 로부스타, 커피 [금속] 금, 은, Mini-sized Gold, Silver

아시아	**TSE**	Tokyo Stock Exchange(도쿄증권거래소) · 동경 기반 1949년 설립, 뉴욕증권거래소 및 런던증권거래소와 함께 세계 3대 거래소의 하나 **주요 거래 종목** [지수] TOPIX, mini-TOPIX [금리] JGB, mini-10yr, JGB
	SGX	Singapore Exchange(싱가포르거래소) · 1999년 SES & SIMEX 합병되어 탄생(아시아 주요국 국가지수 및 에너지선물 거래) · 2003년 세계 최초의 주식, 파생상품시장 통합거래 시스템 개발 **주요 거래 종목** [지수] NIKKEI 225, FTSE China A50, CNX Nifty Indes, MSCI Taiwan [금리] 10yr JGB, 10yr-Mini JGB [에너지] Fuel Oil 380cst
	HKEX	Hong Kong Futures Exchange(홍콩선물거래소) · 1976년 설립(2000년 HKSE합병, HKEX로 명칭 변경) **주요 거래 종목** [지수] Hang Seng Index, H-Share, HSI Volatility index

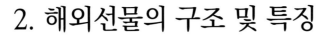

2. 해외선물의 구조 및 특징

1〉 해외선물시장의 구조

해외선물시장은 선물거래소(Exchange), 청산소(Clearing House), 해외중개회사(FCM), 국내금융투자회사(Introducing Broker), 투자자로 구성됩니다.

해외선물시장의 구조는 다소 복잡합니다. 국내 선물·옵션의 경우 투자자 → 증권사 → KRX(한국거래소) 이렇게 3단계로 구분되지만, 해외선물·옵션의 경우 투자자 → 국내증권사 → FCM(해외증권사) → 해외거래소 이렇게 4단계로 구분되며, 국내투자자의 경우 원화를 달러 등으로 환전하는 과정이 추가로 필요합니다.

해외선물에 투자하는 국내투자자 → 국내증권사에 증거금 납부 및 선물 주문 → 증권사에서 해외파생상품 중개회사(FCM)에 매매주문 전달 → 해외 파생상품중개 회사에서 해외거래소로 주문 전송 → 해외선물거래소는 체결내역을 FCM에 통보 → FCM은 체결내역 확인 → 국내증권사에서는 해외선물 투자자에게 거래내역 통보 및 일일정산을 하는 구조입니다.

2〉 해외선물 상품군별 거래시간

해외선물거래는 아직 국내 투자자들에게는 조금 생소할 수 있지만 다양한 장점과 특징을 갖고 있습니다. 따라서 해외선물거래에 대한 인기가 나날이 증가하면서 해외선물거래 시간이나 투자 방법에 대해 궁금한 분들도 많고, 해외선물거래에 대한 공부를 시작하는 분들도 요즘엔 자주 볼 수 있습니다. 해외선물을 하고자 한다면 국내시장과 거래 시간이 다른 해외선물거래 시간을 알고 있어야 합니다.

해외선물거래 시간은 거의 24시간이라고 보시면 됩니다. 국내에서도 오전이나 낮 시간에 선물투자를 하기 어려운 분들이 해외선물거래로 방향을 바꿔 거래를 하시는 경우가 많습니다. 상품이 다양한 만큼 각 상품별로 해외선물거래 시간이 다를 수 있기 때문에, 거래 개시 전 거래품목의 해외선물거래 시간에 대한 사전 인지가 필요합니다.

거래할 상품의 해외선물거래 시간은 증권사 홈페이지에서 상세히 확인이 가능합니다. 해외선물거래 시간을 24시간으로 가능하게 한 것은 바로 해외선물의 전산거래 시스템입니다. 썸머타임 기간에는 우리나라 시간 기준으로 1시간씩 앞당겨지니 이 부분도 신경써 줘야 합니다(해당거래소 : CME, EUREX, ICE).

그중에서 미국 CME 그룹의 해외선물 전산거래시스템인 Globex를 통해 가장 활발히 해외선물거래가 이루어지고 있습니다. 대표적으로 많이 거래하는 해외선물인 유로FX 해외선물거래 시간은 우리나라 시간 기준으로 22:20~05:00입니다.

국내선물거래 시간과 해외선물거래 시간이 다르기 때문에 선물·옵션 투자자의 상황이나 전략에 따라 자신이 원하는 거래시간대에 해외선물투자를 하실 수가 있습니다. 또한 국내선물과 해외선물거래를 모두 하고 싶은 분들은 각 국내선물과 해외선물거래 시간에 따라 스케줄을 짜서 투자를 하실 수 있습니다.

해외선물도 국내선물과 마찬가지로 집중공략시간이 있기 때문에 하루 종일 모니터 앞에 매달려 있지 않고 해당 시간대에 집중적으로 매매하시는 게 좋습니다.

해외선물은 미국시장이 열리는 22시경 가장 활발한 움직임을 보여주기 때문에 이 시간을 해외선물 집중공략시간으로 생각하면 됩니다. 국내선물이 마감이 되는 시간인 15시 15분부터 해외선물이 활발한 거래량을 보이기 시작합니다. 또한 해외선물은 각국의 지표 발표에 따라 거래량이 변동이 크므로 지표발표시간대를 체크하시고 해외선물매매에 임하시면서 장의 흐름에 대응하시기 바랍니다.

국내투자자가 주로 거래하는 선물은 크루드오일, 유로, 골드가 있습니다. 해외선물은 각각 시작시간이 다르지만 거래시간은 일정하며, 국내 투자자들이 주로 이용하는 해외선물 중 크루드오일, 유로, 골드의 집중거래시간은 21시부터 다음날 새벽 5시까지며 CME 거래소와 연계되어 투자할 수 있습니다. 주말은 휴장이며 각국의 휴일에 따라 휴장일이 달라질 수 있습니다.

해외선물거래를 위해서는 각국의 개장시간을 알고 있어야 합니다. 유럽은 17시며 중국은 오전 10시 30분으로 국내투자자들에게 필수 참고사항이 되었으며 FTSE China A50과 홍콩항셍지수선물에 영향을 미치므로, 충분히 알아보고 시작하는 것이 좋습니다.

3〉 해외선물의 특징

◇ 다양한 투자 아이디어 기회의 창출

주가지수선물과 옵션에만 유동성과 변동성이 편중된 국내파생시장에 비해, 해외선물은 다양한 상품에 높은 변동성과 유동성 제공으로 파생상품의 포트폴리오를 다변화시킬 수 있습니다.

◇ 24시간 개장시간은 다양한 수익기회를 포착하는 기회

해외선물이 개장되는 24시간 중 오후 5시부터 밤 12시까지가 변동성이 확대되는 시간대입니다. 이는 곧 추세방향에 대한 진입타이밍을 한번 놓쳤더라도 장중 지속적인 눌림목 구간과 일중 추세변곡점을 관찰할 수 있는 기회를 포착할 수 있음을 의미합니다.

◇ 국내선물 대비 저렴한 시장참여 비용과 풍부한 레버리지 제공

국내파생상품과 달리 기본예탁금 없이 개시증거금만으로도 바로 거래가 가능하며 풍부한 레버리지를 제공합니다.

◇ 글로벌 시장에 대한 직접적인 참여

원유값이 이슈가 될 때에는 원유 관련 선물을, 금값이 이슈가 될 때에는 금선물을 직접적으로 투자가 가능하므로 외국시장 동향에 따라 국내시장에 대한 판단을 해야 하는 번거로움 없이 시장참여가 가능합니다.

4〉 해외선물의 장점

높은변동성 & 레버리지효과	24시간 거래 (본장&전산장)	상품의 다양성	상대적으로 투명한 가격의 움직임
KOSPI200선물의증거 금률15% 해외선물의 증거금율 1.1%~3% 레버리지 활용의 상대적우위	일중에 여러 번의 진입기회를 제공	주가/금리/통화/에너지 귀금속/농산물 등 시황과 변동성에 따른 다양한 상품 선택 가능	특정세력에 의한 시장 주도보다는 다양한 투자주체의 유입을 통한 객관적이고 투명한 가격변동

3. 해외선물상품 명세 소개

상품선물					금융상품		
비철금속	귀금속	농·축산물	에너지	해상운임	지수	금리	통화
LME COMEX SFE	LBMA COMEX	CBOT ICE	NYMEX ICE	BALTIC	CME SGX EUREX	CBOT EUREX	CME ICE
·구리 ·알루미늄 ·니켈 ·아연 ·주석 ·납	·금 ·은 ·플래티넘 ·팔라디움	·대두 ·밀 ·원당 ·커피 ·코코아 ·원면 ·돈육 ·생우	·Crude oil ·천연가스 ·난방유 ·가솔린 ·제트오일 ·나프타 ·석탄	·운임지수 (FFA)	·S&P500 ·Nasdaql00 ·Nikkel 225 ·E-mini Dow Jones ·E-mini S&P midcap	·미국채 2년 ·미국채 5년 ·미국채 10년 ·미국채 30년	·유로 ·영국파운드 ·스위스프랑 ·엔 ·뉴질랜드 달러 ·캐나다달러

1〉 지수선물

지수선물거래의 기초자산이 되는 주가지수는 개별주식들로 이루어진 주식 포트폴리오 며, 해당 포트폴리오의 수익률 변동을 일정한 수치로 계산해 발표하는 것이 주가지수입니 다. 각국의 주가지수는 대표기업의 주식에 대한 포트폴리오를 단일한 수치로 파악할 수 있기 때문에 국가의 대표성을 띤다고 할 수 있습니다.

지수선물거래의 가장 큰 특징은 현물시장에서 실제로 거래되지 않는 계산상의 수치인 주가지수를 거래한다는 점입니다. 원유나 구리와 같은 상품선물의 경우에는 보관이 가능한 실물이 있는 반면에, 지수선물은 실제로 존재하지 않는 주가지수를 대상으로 거래하는 것입니다. 주가지수는 실물이 아닌 추상물이기 때문에 결제일에 기초자산(주가지수)을 인도 또는 인수할 수가 없습니다. 따라서 결제일 이전에 청산을 통해 포지션을 정리하거나 결제일에 차액을 현금결제해 거래가 종결됩니다.

▶ NASDAQ 100 지수

항목	내용
상품개요	NASDAQ 100 지수는 NASDAQ STOCK MARKET에서 크고 활발히 거래되는 비금융주 100개를 선정하여 시가총액을 가중평균하여 산출한 지수이며 이를 1/5로 축소하여 거래하는 상품입니다.
거래소	Chicago Mercantile Exchange (CME)
기초자산	NASDAQ 100 지수
계약월 (결제월 주기)	3,6,9,12월 (H,M,U,Z)
계약단위 (거래단위)	Index × $20
Tick Size	0.25
Tick Value	$5.00
최종거래일	결제 월 세번째 금요일 현지시간 08:30 (한국 23:30)
최종결제방법	현금결제

◉ 거래시간 (상기 전산거래시간은 한국시간 기준 Summer Time 적용 시 1시간씩 빨라짐)

국내시간		현지시간/시카고	
전산장	08:00~익일07:00	전산장	17:00~익일16:00

▶ Mini Dow

항목	내용
상품개요	다우존스공업평균지수는 미국다우존스사가 뉴욕증권시장에 상장된 우량기업 주식 30개 종목을 선정하여 시장가격을 평균하여 산출하는 지수이며 이를 1/2로 축소하여 거래하는 상품입니다.
거래소	Chicago Board of Trade (CBOT)
기초자산	다우존스 지수
계약월 (결제월 주기)	3,6,9,12월 (H,M,U,Z)
계약단위 (거래단위)	Index x $5
Tick Size	1.00
Tick Value	$5.00
최종거래일	결제 월 세번째 금요일 현지시간 08:30 (한국 23:30)
최종결제방법	현금결제

◉ 거래시간 (상기 전산거래시간은 한국시간 기준 Summer Time 적용 시 1시간씩 빨라짐)

국내시간		현지시간/시카고	
전산장	08:00~익일07:00	전산장	17:00~익일16:00

▶ CME NIKKEI 225 $

항목	내용
상품개요	Nikkei 225 지수는 도쿄 증권거래소의 제 1부에서 거래되는 225개의 주식으로 구성된 지수이며 엔 대신 달러로 거래하는 상품입니다.
거래소	Chicago Mercantile Exchange (CME)
기초자산	Nikkei 225 지수
계약월 (결제월 주기)	3,6,9,12월 (H,M,U,Z)
계약단위 (거래단위)	Index x $5
Tick Size	5.00
Tick Value	$25.00
최종거래일	결제 월 두번째 금요일 1 영업일 전 현지시간 15:15 (한국 06:15)
최종결제방법	현금결제

◉ 거래시간 (상기 전산거래시간은 한국시간 기준 Summer Time 적용 시 1시간씩 빨라짐)

국내시간		현지시간/시카고	
전산장	08:00~익일07:00	전산장	17:00~익일16:00

▶ HANG SENG

항목	내용
상품개요	항셍 Index는 항셍은행이 해외 증권거래소에 상장된 50개 우량주식의 시가총액을 기준으로 가중평균하여 산출한 지수입니다.
거래소	Hong Kong Exchanges and Clearing (HKEX)
기초자산	Hang - Seng Index
계약월 (결제월 주기)	매월
계약단위 (거래단위)	Index x HKD50
Tick Size	1.00
Tick Value	HKD 50
최종거래일	결제 월 마지막 영업일의 1 영업일 전
최종결제방법	현금결제

◑ 거래시간 (상기 전산거래시간은 한국시간 기준 Summer Time 적용 시 1시간씩 빨라짐)

국내시간		현지시간/홍콩	
전산장	T Sesseion 10:15~13:00 14:00~17:15	전산장	T Sesseion 09:15~12:00 13:00~16:15
	T+1 Sesseion 18:00~24:00		T+1 Sesseion 17:00~23:00

▶ Mini HANG SENG

항목	내용
상품개요	항셍은행이 해외 증권거래소에 상장된 33개 우량주식의 시가총액을 기준으로 가중평균하여 산출한 지수를 1/5로 축소한 지수입니다.
거래소	Hong Kong Exchanges and Clearing (HKEX)
기초자산	Mini Hang - Seng Index
계약월 (결제월 주기)	매월
계약단위 (거래단위)	Index x HKD10
Tick Size	1.00
Tick Value	HKD 10
최종거래일	결제 월 마지막 영업일의 1 영업일 전
최종결제방법	현금결제

◉ 거래시간 (상기 전산거래시간은 한국시간 기준 Summer Time 적용 시 1시간씩 빨라짐)

국내시간		현지시간/홍콩	
전산장	Pre-Market 09:45 ~ 10:15	전산장	Pre-Market 08:45 ~ 09:15
	본 장 10:15 ~ 13:00		본 장 09:15 ~ 12:00
	Pre-Market 13:30 ~ 14:00		Pre-Market 12:30 ~ 13:00
	본 장 14:00 ~ 17:15 (최종거래일: 해당 결제월물 17:00 에 거래 종료)		본 장 13:00 ~ 16:15 (최종거래일: 해당 결제월물 16:00 에 거래 종료)

▶ FTSE China A50 (중국)

항목	내용
상품개요	중국 상해(Shanghai)증권거래소 및 선전(Shenzhen)증권거래소에 상장되어 거래되는 A주 중 시가 총액 50대 기업으로 구성된 상품입니다.
거래소	SGX (싱가포르거래소)
기초자산	FTSE China A50 지수
계약월 (결제월 주기)	매월 (최근 2개월물 + 3, 6, 9, 12월물)
계약단위 (거래단위)	Index x $1
Tick Size	2.5 (Index Points)
Tick Value	$2.50
최종거래일	계약 월 마지막 2영업일
최종결제방법	현금결제

◉ 거래시간 (상기 전산거래시간은 한국시간 기준 Summer Time 적용 시 1시간씩 빨라짐)

국내시간		현지시간/싱가포르	
전산장	T session 09:45 ~ 17:00 T+1 session 17:30 ~ 익일 03:00	전산장	T session 08:45 ~ 16:00 T+1 session 16:30 ~ 익일 02:00

▶ DAX Index (독일)

항목	내용
상품개요	Deutsche Borse AG의 블루칩 지수 프랑크푸르트 증권거래소에서 거래되는 30개 독일 우량기업주로 구성
거래소	European Exchange (EUREX)
기초자산	독일 DAX 지수 (DAX)
계약월 (결제월 주기)	3,6,9,12월 (H,M,U,Z)
계약단위 (거래단위)	Index x EUR 25
Tick Size	0.50
Tick Value	EUR 12.5
최종거래일	결제 월 세번째 금요일
최종결제방법	현금결제

◉ 거래시간 (상기 전산거래시간은 한국시간 기준 Summer Time 적용 시 1시간씩 빨라짐)

국내시간		현지시간/독일	
전산장	15:30 ~ 익일06:00 (최종거래일: ~22:00)	전산장	07:30~22:00 (최종거래일: ~13:00)

▶. 프랑스 CAC40

항목	내용
상품개요	유로넥스트 파리 시장에서 거래되는 40개 대표 기업종목으로 구성
거래소	Euronext Paris
프랑스	CAC40 지수
계약월 (결제월 주기)	매월
계약단위 (거래단위)	Index x EUR 10
Tick Size	0.5
Tick Value	EUR 5.0
최종거래일	결제 월 세번째 금요일
최종결제방법	현금결제

◉ 거래시간 (상기 전산거래시간은 한국시간 기준 Summer Time 적용 시 1시간씩 빨라짐)

국내시간		현지시간/싱가포르	
전산장	T session 15:45 ~ 익일 01:30 T+1 session 익일 01:30 ~ 익일 05:00	전산장	T session 08:00 ~ 18:30 T+1 session 18:30 ~ 22:00

▶ FTSE 100 (영국)

항목	내용
상품개요	영국 주식시장의 대표 주가지수 런던 증권거래소에 상장되어 있는 주식 중 시가총액 100대 우량기업으로 구성
거래소	London International Futures Financial Exchange (LIFFE)
기초자산	Financial Times Stock Exchange 100 지수
계약월 (결제월 주기)	3,6,9,12월 (H,M,U,Z)
계약단위 (거래단위)	Index x GBP10
Tick Size	0.50
Tick Value	GBP 5
최종거래일	결제 월 세번째 금요일
최종결제방법	현금결제

◉ 거래시간 (상기 전산거래시간은 한국시간 기준 Summer Time 적용 시 1시간씩 빨라짐)

국내시간		현지시간/런던	
전산장	10:00 ~ 익일06:00	전산장	01:00~21:00

[출처 : 이트레딩 증권 홈페이지]

2〉 금리선물

금리선물은 장·단기 채권 또는 이자율을 기초자산으로 하는 선물계약을 의미하며, 대부분의 선물상품에는 만기가 있지만 기초자산이 되는 현물상품에는 만기가 없는 반면, 금리선물에는 선물뿐만 아니라 현물에도 만기가 있습니다.

금리선물은 기초자산의 만기가 1년 이하인 단기금리선물과 기초자산의 만기가 1년을 초과하는 장기금리선물로 분류됩니다. 금리선물은 이자율 변동에 따라 가치가 변동되는 각종 금리상품을 대상으로 한 선물계약을 말하는데, 약정일 이전에 청산매매를 통해 금리상품의 차금결제가 이루어지거나 만기일에는 인·수도 결제되는 거래입니다.

이러한 금리선물거래는 금리변동에 따른 금리민감자산의 가격변동위험을 헤지하기 위해서 사용합니다.

▶ 30년 미재무성 중기채권

항목	내용
상품개요	T-bond는 미재무부가 발행하고 만기가 10년 이상인 양도 가능한 장기채이며 미 30년채 선물은 만기가 30년인 미재무부 채권이 대상입니다.
거래소	Chicago Board of Trade (CBOT)
기초자산	국채 30년물 (30 year U.S. T-Bonds)
계약월 (결제월 주기)	3,6,9,12월 (H,M,U,Z)
계약단위(거래단위)	$100,000
Tick Size	0.03125 (1.00/32)
Tick Value	$31.25
최종거래일	결제 월 전월 마지막 영업일
최종결제방법	실물인수도

◐ 거래시간 (상기 전산거래시간은 한국시간 기준 Summer Time 적용 시 1시간씩 빨라짐)

국내시간		현지시간/시카고	
전산장	08:00 ~ 익일07:00	전산장	17:00 ~ 익일07:00

▶ 5년 미재무성 중기채권

항목	내용
상품개요	T-note는 미재무부가 발행하고 만기가 1년 이상 10년 이하인 양도 가능한 중기채이며 미 5년채 선물은 만기가 5년인 미재무부 채권이 대상입니다.
거래소	Chicago Board of Trade (CBOT)
기초자산	국채 5년물 (5 year U.S. T-Notes)
계약월 (결제월 주기)	3,6,9,12월 (H,M,U,Z)
계약단위(거래단위)	$100,000
Tick Size	0.0078125 (0.25/32)
Tick Value	$7.8125
최종거래일	결제 월 전월 마지막 영업일
최종결제방법	실물인수도

◉ 거래시간 (상기 전산거래시간은 한국시간 기준 Summer Time 적용 시 1시간씩 빨라짐)

국내시간		현지시간/시카고	
전산장	08:00 ~ 익일07:00	전산장	17:00 ~ 익일07:00

▶ 5년 미재무성 중기채권

항목	내용
상품개요	T-note는 미재무부가 발행하고 만기가 1년 이상 10년 이하인 양도 가능한 중기채이며 미 5년채 선물은 만기가 5년인 미재무부 채권이 대상입니다.
거래소	Chicago Board of Trade (CBOT)
기초자산	국채 5년물 (5 year U.S. T-Notes)
계약월 (결제월 주기)	3,6,9,12월 (H,M,U,Z)
계약단위(거래단위)	$100,000
Tick Size	0.0078125 (0.25/32)
Tick Value	$7.8125
최종거래일	결제 월 전월 마지막 영업일
최종결제방법	실물인수도

◉ 거래시간 (상기 전산거래시간은 한국시간 기준 Summer Time 적용 시 1시간씩 빨라짐)

국내시간		현지시간/시카고	
전산장	08:00 ~ 익일07:00	전산장	17:00 ~ 익일07:00

▶ 2년 미재무성 중기채권

항목	내용
상품개요	T-note는 미재무부가 발행하고 만기가 1년 이상 10년 이하인 양도 가능한 중기채이며 미 2년채 선물은 만기가 2년인 미재무부 채권이 대상입니다.
거래소	Chicago Board of Trade (CBOT)
기초자산	국채 2년물 (2 year U.S. T-Notes)
계약월(결제월 주기)	3,6,9,12월 (H,M,U,Z)
계약단위(거래단위)	$200,000
Tick Size	0.0078125 (0.25/32)
Tick Value	$15.625
최종거래일	결제 월 전월 마지막 영업일
최종결제방법	실물인수도

● 거래시간 (상기 전산거래시간은 한국시간 기준 Summer Time 적용 시 1시간씩 빨라짐)

국내시간		현지시간/시카고	
전산장	08:00 ~ 익일07:00	전산장	17:00 ~ 익일07:00

▶ Eurodollars

항목	내용
상품개요	미국 이외의 은행, 주로 유럽의 은행에 예입되어 있는 달러 자금을 말한다. 일반 예금과 달리 이 달러는 무국적이며, 어느 나라의 통제도 받지 않고 예입 및 대부가 모두 국경을 넘어 아주 자유롭게 이루어진다. 이 때문에 유로달러는 유럽 각지의 금리차나 평가조정에 의한 환차익을 쫓아 부동하는 핫머니의 성격을 띠고 있습니다.
거래소	Chicago Mercantile Exchange (CME)
기초자산	원금 $1,000,000 3개월 만기 유로달러 정기예금 금리
계약월 (결제월 주기)	매월
계약단위 (거래단위)	$1,000,000
Tick Size	0.005 (단, 최근 월물은 0.0025)
Tick Value	$12.50 (단, 최근 월물은 $6.25)
최종거래일	결제월 세번째 수요일 2 영업일 전
최종결제방법	현금결제

● 거래시간 (상기 전산거래시간은 한국시간 기준 Summer Time 적용 시 1시간씩 빨라짐)

국내시간		현지시간/시카고	
전산장	08:00~익일07:00	전산장	17:00~익일16:00

▶ 10년 일반 이자부 국채

항목	내용
상품개요	일본정부에서 발생하는 10년만기 채권이며, 액면가 1억엔 국채 가격을 기초자산으로 합니다.
거래소	TSE(도쿄 증권거래소)
기초자산	일본국채 10년물
계약월 (결제월 주기)	3,6,9,12월 (H,M,U,Z)
계약단위 (거래단위)	¥1,000,000
Tick Size	0.01
Tick Value	JPY 10,000
최종거래일	결제월 20일의 7영업일 전
최종결제방법	실물 인수도

국내시간		현지시간/일본	
전산장	08:45 ~ 11:02 / 12:30 ~ 15:02(T세션) 15:30 ~ 익익 03:00(T+1세션)	전산장	08:45 ~ 11:02 / 12:30 ~ 15:02(T세션) 15:30 ~ 익익 03:00(T+1세션)

[출처 : 이트레딩 증권 홈페이지]

3〉 통화선물

외환시장에서는 거래당사자간의 필요에 따라 거래조건을 임의로 정하는 선도거래 형태의 선물환거래가 오래 전부터 발달해왔습니다. 선도거래인 선물환의 단점을 보완하기 위해 선물계약 형태의 통화선물이 세계 주요 선물거래소에 상장되면서 확산되는 추세에 있으나, 딜러를 통한 장외거래가 중심이 되고 있는 외환거래의 특성상 다른 기초자산들에 대한 선물거래와는 달리 선물환거래가 거래규모면에서 통화선물보다 활발히 거래되고 있습니다.

미국에서 거래되는 통화선물은 외환시장의 현물환이나 선물환거래와는 달리 해당 통화 1단위에 대한 미국 달러화의 크기로 가격을 표시하고 있습니다.

▶ 유로화

항목	내용
상품개요	유로화 대비 미달러의 교환비율 입니다.
거래소	Chicago Mercantile Exchange (CME)
기초자산	유로(EURO)
계약월 (결제월 주기)	3,6,9,12월 (H,M,U,Z)
계약단위 (거래단위)	EUR 125,000
Tick Size	0.0001 $/URO
Tick Value	$12.50
최종거래일	결제월 세번째 수요일 2 영업일 전 09:16a.m (한국 익일 00:16)
최종결제방법	실물 인수도

◉ 거래시간 (상기 전산거래시간은 한국시간 기준 Summer Time 적용 시 1시간씩 빨라짐)

국내시간		현지시간/시카고	
전산장	08:00 ~ 익일07:00	전산장	17:00 ~ 익일16:00

▶ 일본 엔화

항목	내용
상품개요	일본엔 대비 미달러의 교환비율 입니다.
거래소	Chicago Mercantile Exchange (CME)
기초자산	일본엔 (JY)
계약월 (결제월 주기)	3,6,9,12월 (H,M,U,Z)
계약단위 (거래단위)	JPY 12,500,000
Tick Size	0.0000005 $/JPY
Tick Value	$6.25
최종거래일	결제월 세번째 수요일 2 영업일 전 09:16 a.m (한국 익일 00:16)
최종결제방법	실물 인수도

◉ 거래시간 (상기 전산거래시간은 한국시간 기준 Summer Time 적용 시 1시간씩 빨라짐)

국내시간		현지시간/시카고	
전산장	08:00 ~ 익일07:00	전산장	17:00 ~ 익일16:00

▶ 영국 파운드화

항목	내용
상품개요	영국파운드 대비 미달러의 교환비율 입니다.
거래소	Chicago Mercantile Exchange (CME)
기초자산	영국파운드(BP)
계약월 (결제월 주기)	3,6,9,12월 (H,M,U,Z)
계약단위 (거래단위)	GBP 62,500
Tick Size	0.0001 $/GBP
Tick Value	$6.25
최종거래일	결제월 세번째 수요일 2 영업일 전 09:16 a.m (한국 익일 00:16)
최종결제방법	실물 인수도

◐ 거래시간 (상기 전산거래시간은 한국시간 기준 Summer Time 적용 시 1시간씩 빨라짐)

국내시간		현지시간/시카고	
전산장	08:00 ~ 익일07:00	전산장	17:00 ~ 익일16:00

▶ 스위스 프랑

항목	내용
상품개요	스위스프랑 대비 미달러의 교환비율입니다.
거래소	Chicago Mercantile Exchange (CME)
기초자산	스위스프랑 (SF)
계약월 (결제월 주기)	3,6,9,12월 (H,M,U,Z)
계약단위 (거래단위)	CHF 125,000
최소가격변동폭	0.0001 $/SF
Tick Value	$12.50
최종거래일	결제월 세번째 수요일 2 영업일 전 09:16 a.m (한국 익일 00:16)
최종결제방법	실물 인수도

◐ 거래시간 (상기 전산거래시간은 한국시간 기준 Summer Time 적용 시 1시간씩 빨라짐)

국내시간		현지시간/시카고	
전산장	08:00 ~ 익일07:00	전산장	17:00 ~ 익일16:00

▶ 호주 달러화

항목	내용
상품개요	호주달러 대비 미달러의 교환비율 입니다.
거래소	Chicago Mercantile Exchange (CME)
기초자산	호주달러(AD)
계약월 (결제월 주기)	3,6,9,12월 (H,M,U,Z)
계약단위 (거래단위)	AD 100,000
Tick Size	0.0001 $/AD
Tick Value	$10.00
최종거래일	결제월 세번째 수요일 2 영업일 전 09:16a.m (한국 익일 00:16)
최종결제방법	실물 인수도

◉ 거래시간 (상기 전산거래시간은 한국시간 기준 Summer Time 적용 시 1시간씩 빨라짐)

국내시간		현지시간/시카고	
전산장	08:00 ~ 익일07:00	전산장	17:00 ~ 익일16:00

▶ 캐나다 달러화

항목	내용
상품개요	캐나다달러 대비 미달러의 교환비율 입니다.
거래소	Chicago Mercantile Exchange (CME)
기초자산	캐나다달러 (CD)
계약월 (결제월 주기)	3,6,9,12월 (H,M,U,Z)
계약단위 (거래단위)	CD 100,000
Tick Size	0.0001 $/CD
Tick Value	$10.00
최종거래일	결제월 세번째 수요일 1 영업일 전 09:16 a.m (한국 익일 00:16)
최종결제방법	실물 인수도

◉ 거래시간 (상기 전산거래시간은 한국시간 기준 Summer Time 적용 시 1시간씩 빨라짐)

국내시간		현지시간/시카고	
전산장	08:00 ~ 익일07:00	전산장	17:00 ~ 익일16:00

[출처 : 이트레딩 증권 홈페이지]

4) 상품선물

1980년대 초까지만 해도 세계 선물시장의 주류는 상품선물이었다 해도 과언이 아니었습니다. 그러나 1972년 시카고상업거래소(CME)에 통화선물이 도입된 이후 다양한 금융상품이 상장되면서 금융선물이 비약적인 성장을 이루게 되었습니다.

이에 따라 상품선물의 비중이 과거보다 상대적으로 축소되긴 했지만, 여전히 상품선물은 선물거래에서 중요한 위치를 차지하고 있습니다. 상품선물은 기초자산의 유형에 따라 농산물, 축산물, 에너지, 귀금속, 비철금속 등으로 나누어집니다.

A. 에너지

▶ 서부텍사스 중질유 (WTI)

항목	내용
상품개요	원유는 미국 서부 텍사스 지역에서 생산되는 중질유로 약칭은 WTI다. 국제원유가격을 결정하는 기준입니다.
거래소	New York Mercantile Exchange (NYMEX)
기초자산	서부 텍사스산 중질유 (WTI)
계약월 (결제월주기)	매월
계약단위 (거래단위)	1,000 barrels
Tick Size	0.01
Tick Value	$ 10.00
최종거래일	결제 월 전월 25일의 3 영업일 전
최종결제방법	실물인수도

● 거래시간 (상기 전산거래시간은 한국시간 기준 Summer Time 적용 시 1시간씩 빨라짐)

	국내시간		현지시간/뉴욕
전산장	08:00~익일07:00	전산장	18:00~17:00

▸ 천연가스 [Natural Gas]

항목	내용
상품개요	천연가스는 보통 원유와 함께 산출되는 화석연료의 한 종류로 가연성이 큰 무색의 기체입니다.
거래소	New York Mercantile Exchange (NYMEX)
기초자산	천연가스
계약월 (결제월주기)	매월
계약단위 (거래단위)	10,000 mmBtu
Tick Size	0.001
Tick Value	$ 10.00
최종거래일	결제 월 1일의 3 영업일 전
최종결제방법	실물인수도

◉ 거래시간 (상기 전산거래시간은 한국시간 기준 Summer Time 적용 시 1시간씩 빨라짐)

국내시간		현지시간/뉴욕	
전산장	08:00~익일07:00	전산장	18:00~17:00

▸ 난방유 [Heating Oil]

항목	내용
상품개요	난방유는 주로 원유를 증류하여 나온 잔류물로 이루어진 연료이며 발전소,배,공장에서 증기 보일러용 연료로 주로 사용됩니다.
거래소	New York Mercantile Exchange (NYMEX)
기초자산	난방유
계약월 (결제월주기)	매월
계약단위 (거래단위)	42,000 gallons
Tick Size	0.0001
Tick Value	$ 4.20
최종거래일	결제 월 전월 마지막 영업일
최종결제방법	실물인수도

◉ 거래시간 (상기 전산거래시간은 한국시간 기준 Summer Time 적용 시 1시간씩 빨라짐)

국내시간		현지시간/뉴욕	
전산장	08:00~익일07:00	전산장	18:00~17:00

▶ RBOB 휘발유

항목	내용
상품개요	가솔린은 흔히 휘발유라고 불리우며 상온에서 증발하기 쉽고 인화성이 좋아 공기와 혼합되며 폭발성을 지닙니다.
거래소	New York Mercantile Exchange (NYMEX)
기초자산	가솔린
계약월 (결제월주기)	매월
계약단위 (거래단위)	42,000 gallons
Tick Size	0.0001
Tick Value	$ 4.20
최종거래일	결제 월 전월 마지막 영업일
최종결제방법	실물인수도

◉ 거래시간 (상기 전산거래시간은 한국시간 기준 Summer Time 적용 시 1시간씩 빨라짐)

국내시간		현지시간/뉴욕	
전산장	08:00~익일07:00	전산장	18:00~17:00

▶ 미니 서부텍사스 중질유 (WTI)

항목	내용
상품개요	원유는 미국 서부 텍사스 지역에서 생산되는 중질유로 약칭은 WTI다. 국제원유가격을 결정하는 기준이 되며 이르 ⅓로 축소시켜 거래되는 상품입니다.
거래소	New York Mercantile Exchange (NYMEX)
기초자산	서부 텍사스산 중질유 (WTI)
계약월 (결제월주기)	매월
계약단위 (거래단위)	500 barrels
Tick Size	0.025
Tick Value	$ 12.50
최종거래일	결제 월 전월 25일의 4 영업일 전
최종결제방법	현금결제

◉ 거래시간 (상기 전산거래시간은 한국시간 기준 Summer Time 적용 시 1시간씩 빨라짐)

국내시간		현지시간/뉴욕	
전산장	08:00~익일07:00	전산장	18:00~17:00

▶ 미니 천연가스 (E-mini Natural Gas)

항목	내용
상품개요	천연가스는 보통 원유와 함께 산출되는 화석연료의 한 종류로 가연성이 큰 무색의 기체이며 이를 ¼로 축소시켜 거래하는 상품입니다.
거래소	New York Mercantile Exchange (NYMEX)
기초자산	천연가스
계약월 (결제월주기)	매월
계약단위 (거래단위)	2,500 mmBtu
Tick Size	0.005
Tick Value	$ 12.50
최종거래일	결제 월 1일의 4 영업일 전
최종결제방법	현금결제

◎ 거래시간 (상기 전산거래시간은 한국시간 기준 Summer Time 적용 시 1시간씩 빨라짐)

국내시간		현지시간/뉴욕	
전산장	08:00~익일07:00	전산장	18:00~17:00

▶ 브랜트유 (ICE Brent Crude)

항목	내용
상품개요	영국 북해지역에서 생산되는 원유로 유럽과 아프리카 지역에서 거래되는 원유 가격의 기준 유종이 됩니다.
거래소	Intercontinental Exchange (ICE)
기초자산	북해산 브렌트유
계약월 (결제월주기)	매월
계약단위 (거래단위)	1,000 barrels
Tick Size	0.01
Tick Value	$ 10.00
최종거래일	결제 월 1일의 15일 전
최종결제방법	현금결제

◎ 거래시간 (상기 전산거래시간은 한국시간 기준 Summer Time 적용 시 1시간씩 빨라짐)

국내시간		현지시간/런던	
전산장	10:00(월:08:00)~익일08:00	전산장	01:00(일:23:00)~23:00

▶ WTI 원유 (ICE WTI Crude)

항목	내용
상품개요	원유는 미국 서부 텍사스 지역에서 생산되는 중질유로 약칭은 WTI다. 국제원유가격을 결정하는 기준입니다.
거래소	Intercontinental Exchange (ICE)
기초자산	서부 텍사스산 중질유 (WTI)
계약월 (결제월주기)	매월
계약단위 (거래단위)	1,000 barrels
Tick size	0.01
Tick Value	$ 10.00
최종거래일	결제 월 전월 25일의 4 영업일 전
최종결제방법	현금결제

◎ 거래시간 (상기 전산거래시간은 한국시간 기준 Summer Time 적용 시 1시간씩 빨라짐)

	국내시간		현지시간/런던
전산장	10:00(월:08:00)~익일08:00	전산장	01:00(일:23:00)~23:00

▶ 가스오일 (Gas Oil)

항목	내용
상품개요	대륙간 거래소(ICE EU) 가스오일은 ARA에서 사용되어지는 Heating Oil을 기반으로 하는 상품입니다. 이 상품은 유럽과 그 외의 여러국가 들에서 이 가격을 기준으로 거래되어집니다.
거래소	Intercontinental Exchange (ICE)
기초자산	가스오일
계약월 (결제월주기)	매월
계약단위 (거래단위)	100 M/T
Tick Size	0.25
Tick Value	$ 25.00
최종거래일	결제 월 14일의 2 영업일 전 (조기종료)
최종결제방법	현금결제

◎ 거래시간 (상기 전산거래시간은 한국시간 기준 Summer Time 적용 시 1시간씩 빨라짐)

	국내시간		현지시간/런던
전산장	10:00(월:08:00)~익일08:00	전산장	01:00(일:23:00)~23:00

[출처 : 이트레딩 증권 홈페이지]

B. 금속

GOLD (GC)

항목	내용
상품개요	금은 순도 99.5% 이상으로 정제된 BAR형태이어야 하며, 각 거래소다 승인한 제련업자의 도장이 찍힌 금이어야 실물인수도가 가능합니다.
거래소	New York Mercantile Exchange (NYMEX)
기초자산	금(Gold)
계약월 (결제월주기)	2,4,6,8,12월 (G,J,M,Q,Z)
계약단위 (거래단위)	100 oz (1oz = 31.1035g)
Tick Size	$ 0.10
Tick Value	$ 10.00
최종거래일	결제 월 전월의 마지막 영업일 (즉, 최초인도통지일 1영업일 전 청산/롤오버)
최종결제방법	실물인수도

● 거래시간 (상기 전산거래시간은 한국시간 기준 Summer Time 적용 시 1시간씩 빨라짐)

국내시간		현지시간/뉴욕	
전산장	08:00~익일07:00	전산장	18:00~익일15:00

Silver (SI)

항목	내용
상품개요	은은 순도 99.99% 이상으로 정제된 BAR형태이어야 하며, 각 거래소다 승인한 제련업자의 도장이 찍힌 은이어야 실물인수도가 가능합니다.
거래소	New York Mercantile Exchange (NYMEX)
기초자산	은(Silver)
계약월 (결제월주기)	3,5,7,9,12월 (H,K,N,U,Z)
계약단위 (거래단위)	5000 oz (1oz = 31.1035g)
Tick Size	$ 0.005
Tick Value	$ 25.00
최종거래일	결제 월 전월의 마지막 영업일 (즉, 최초인도통지일 1영업일 전 청산/롤오버)
최종결제방법	실물인수도

● 거래시간 (상기 전산거래시간은 한국시간 기준 Summer Time 적용 시 1시간씩 빨라짐)

국내시간		현지시간/뉴욕	
전산장	08:00~익일07:00	전산장	18:00~익일15:00

▶ Platinum (백금)

항목	내용
상품개요	백금으로 백금의 분말은 대량의 산소와 수소를 흡수하고, 산소·수소의 활성이 높아지므로 산화·환원반응의 촉매로 사용됩니다. 또 화학적인 안정성을 이용하여 열전기쌍, 실험용 도가니, 전극, 장식용 등으로도 사용됩니다.
거래소	New York Mercantile Exchange (NYMEX)
기초자산	백금 (Platinum)
계약월 (결제월주기)	1,4,7,10월 (F,J,N,V)
계약단위 (거래단위)	50 oz (1oz = 31.1035g)
Tick Size	$ 0.10
Tick Value	$ 5.00
최종거래일	결제 월 전월의 마지막 영업일 (즉, 최초인도통지일 1영업일 전 청산/롤오버)
최종결제방법	실물인수도

◎ 거래시간 (상기 전산거래시간은 한국시간 기준 Summer Time 적용 시 1시간씩 빨라짐)

국내시간		현지시간/뉴욕	
전산장	08:00~익일07:00	전산장	18:00~익일15:00

▶ 팔라디움

항목	내용
상품개요	백금족에 속하는 금속 으로 은과의 합금을 수소의 정제에 씁니다. 흡장한 수소를 방출할 때, 활성이 높은 수소를 얻을 수 있고, 강한 환원작용을 가지므로, 유기합성이나 자동차의 배기 가스용 촉매로서 중요합니다. 또 합금으로서 전기접점, 열계측기, 장식품 또는 치과치료의 재료로 쓰입니다.
거래소	New York Mercantile Exchange (NYMEX)
기초자산	팔라디움(Palladium)
계약월 (결제월주기)	3,6,9,12월 (H,M,U,Z)
계약단위 (거래단위)	100 oz (1oz = 31.1035g)
Tick Size	$ 0.05
Tick Value	$ 5.00
최종거래일	결제 월 전월의 마지막 영업일 (즉, 최초인도통지일 1영업일 전 청산/롤오버)
최종결제방법	실물인수도

◎ 거래시간 (상기 전산거래시간은 한국시간 기준 Summer Time 적용 시 1시간씩 빨라짐)

국내시간		현지시간/뉴욕	
전산장	08:00~익일07:00	전산장	18:00~익일15:00

▶ E-mini Gold

항목	내용
상품개요	33.2온스 금(Gold), NYMEX 금선물의 1/3 size
거래소	NYSE Liffe U.S.(LIFFE_US)
기초자산	순도 99.5% 이상의 금 (Gold)
계약월 (결제월주기)	2,4,6,8,12월
계약단위 (거래단위)	33.2 troy ounces (1 oz = 31.1035g)
Tick Size	$0.10 / oz
Tick Value	$3.32 (= 0.10 X 33.2 troy ounces)
최초인도통지일	계약 전월의 마지막 영업일 (단, 매수포지션은 계약 전월의 마지막 2영업일 전까지 청산되어야 함)
최종결제방법	실물인수도

◉ 거래시간 (상기 전산거래시간은 한국시간 기준 Summer Time 적용 시 1시간씩 빨라짐)

국내시간		현지시간/뉴욕	
전산장	10:00(월:08:00)~익일07:15	전산장	20:00(일:18:00)~익일17:15

▶ E-mini Silver

항목	내용
상품개요	1,000온스 은(Silver), NYMEX 은선물의 1/5 size
거래소	NYSE Liffe U.S. (LIFFE_US)
기초자산	순도 99.9% 이상의 은 (Silver)
계약월 (결제월주기)	3,5,7,9,12월
계약단위 (거래단위)	1,000 troy ounces (1 oz = 31.1035g)
Tick Size	$0.001 / oz
Tick Value	$1.0 (= 0.001 X 1,000 troy ounces)
최초인도통지일	계약 전월의 마지막 영업일 (단, 매수포지션은 계약 전월의 마지막 2영업일 전까지 청산되어야 함)
최종결제방법	실물인수도

◉ 거래시간 (상기 전산거래시간은 한국시간 기준 Summer Time 적용 시 1시간씩 빨라짐)

국내시간		현지시간/뉴욕	
전산장	10:00(월:08:00)~익일07:15	전산장	20:00(일:18:00)~익일17:15

[출처 : 이트레딩 증권 홈페이지]

C. 축산물

▶ 생우 (Live Cattle)

항목	내용
상품개요	시장에 내보낼 준비가 되어 있는 소를 상품으로 합니다.
거래소	Chicago Mercantile Exchange (CME)
기초자산	생우 (Live Cattle)
계약월 (결제월주기)	2,4,6,8,10,12월 (G,J,M,N,Q,V,Z)
계약단위 (거래단위)	40,000 pounds
Tick Size	0.00025
Tick Value	$10.00
최종거래일	결제 월 마지막 목요일 (11월 제외)
최종결제방법	실물인수도

○ 거래시간 (상기 전산거래시간은 한국시간 기준 Summer Time 적용 시 1시간씩 빨라짐)

국내시간		현지시간/시카고	
전산장	익일00:05~04:55	전산장	09:05~13:55

▶ 비육우 (Feeder Cattle)

항목	내용
상품개요	비육을 위해 사육장으로 인도될 650~849 파운드의 비육용 수송아지를 대상으로 한다.
거래소	Chicago Mercantile Exchange (CME)
기초자산	비육우 (Feeder Cattle)
계약월 (결제월주기)	1,3,4,5,8,9,10,11월 (F,H,J,K,Q,U,V,X)
계약단위 (거래단위)	50,000 pounds
Tick Size	0.00025
Tick Value	$10.00
최종거래일	결제 월 둘째 주 월요일
최종결제방법	현금결제

○ 거래시간 (상기 전산거래시간은 한국시간 기준 Summer Time 적용 시 1시간씩 빨라짐)

국내시간		현지시간/시카고	
전산장	익일00:05~04:55	전산장	09:05~13:55

▶ 돼지고기(돈육) (Lean Hogs)

항목	내용
상품개요	돈육은 돼지고기를 말하는 것으로, 돼지고기 현물의 수급상황, 가격, 장기적 가격 패턴을 바탕으로 한 장단기 트레이딩과 스프레딩 전략을 제공한다.
거래소	Chicago Mercantile Exchange (CME)
기초자산	돈육 (Lean Hogs)
계약월 (결제월주기)	2,4,5,6,7,8,10,12월 (G,J,K,M,N,Q,V,Z)
계약단위 (거래단위)	40,000 pounds
Tick Size	0.00025
Tick Value	$10.00
최종거래일	결제 월 10 영업일
최종결제방법	현금결제

◎ 거래시간 (상기 전산거래시간은 한국시간 기준 Summer Time 적용 시 1시간씩 빨라짐)

국내시간		현지시간/시카고	
전산장	익일00:05~04:55	전산장	09:05~13:55

[출처 : 이트레딩 증권 홈페이지]

D. 농산물

▶ 옥수수 (Corn)

항목	내용
상품개요	옥수수는 미국 농림부 장관이 지정한 No.1 ~ No.3 등급의 노란 옥수수를 취급하며 습기는 15% 이하의 상품입니다.
거래소	Chicago Board of Trade (CBOT)
기초자산	옥수수 (Corn)
계약월 (결제월주기)	3,5,7,9,12월 (H,K,N,U,Z)
계약단위 (거래단위)	5,000 bushels / 1 bushels = 27.2kg
Tick Size	1 cent의 2/8 = 0.0025
Tick Value	$ 12.50
최종거래일	결제 월 전월 마지막 영업일
최종결제방법	실물인수도

◐ 거래시간 (상기 전산거래시간은 한국시간 기준 Summer Time 적용 시 1시간씩 빨라짐)

국내시간		현지시간/시카고	
전산장	10:00 ~ 22:45 23:30 ~ 익일 04:20	전산장	19:00 ~ 익일 07:45 08:30 ~ 13:20

▶ 소맥 (Wheat)

항목	내용
상품개요	소맥은 미국 농림부장관이 지정하는 No.1 과 No.2 등급의 소맥을 취급하며 습기는 13.5% 이하입니다.
거래소	Chicago Board of Trade (CBOT)
기초자산	소맥 (Wheat)
계약월 (결제월주기)	3,5,7,9,12월 (H,K,N,U,Z)
계약단위 (거래단위)	5,000 bushels / 1 bushels = 27.2kg
Tick Size	1 cent의 2/8 = 0.0025
Tick Value	$12.50
최종거래일	결제 월 전월 마지막 영업일
최종결제방법	실물인수도

◐ 거래시간 (상기 전산거래시간은 한국시간 기준 Summer Time 적용 시 1시간씩 빨라짐)

국내시간		현지시간/시카고	
전산장	10:00 ~ 22:45 23:30 ~ 익일 04:20	전산장	19:00 ~ 익일 07:45 08:30 ~ 13:20

▶ 대두 (Soybean)

항목	내용
상품개요	대두는 미국 농림부 장관이 지정한 No.1 ~ No.3 등급의 노란 대두를 취급하며 습기는 14% 이하의 상품을 말합니다.
거래소	Chicago Board of Trade (CBOT)
기초자산	대두 (Soybean)
계약월 (결제월주기)	1,3,5,7,8,9,11월 (F,H,K,N,Q,U,X)
계약단위 (거래단위)	5,000 bushels / 1bushels = 27.2kg
Tick Size	1 cent의 2/8 = 0.0025
Tick Value	$12.50
최종거래일	결제 월 전월 마지막 영업일
최종결제방법	실물인수도

● 거래시간 (상기 전산거래시간은 한국시간 기준 Summer Time 적용 시 1시간씩 빨라짐)

국내시간		현지시간/시카고	
전산장	10:00 ~ 22:45 23:30 ~ 익일 04:20	전산장	19:00 ~ 익일 07:45 08:30 ~ 13:20

▶ 대두박 (Soybean Meal)

항목	내용
상품개요	대두박은 대두에서 대부분의 기름을 뺀 나머지를 말하며 대두의 약 77.33%가 나옵니다. (CBOT 기준)
거래소	Chicago Board of Trade (CBOT)
기초자산	대두박 (Soybean Meal)
계약월 (결제월주기)	1,3,5,7,8,9,10,12월 (F,H,K,N,Q,U,V,Z)
계약단위 (거래단위)	100 S.ton
Tick Size	0.10
Tick Value	$10.00
최종거래일	결제 월 전월 마지막 영업일
최종결제방법	실물인수도

● 거래시간 (상기 전산거래시간은 한국시간 기준 Summer Time 적용 시 1시간씩 빨라짐)

국내시간		현지시간/시카고	
전산장	10:00 ~ 22:45 23:30 ~ 익일 04:20	전산장	19:00 ~ 익일 07:45 08:30 ~ 13:20

▶ 코코아 (ICE Cocoa)

항목	내용
상품개요	코코아는 "신의음식"으로 불리며 초콜릿부터 코코아버터의 생산까지 다양하게 사용됨. 미 FDA 규정에 부합되어야 합니다.
거래소	Intercontinental Exchange (ICE)
기초자산	코코아 (Cocoa)
계약월 (결제월주기)	3,5,7,9,12월 (H,K,N,U,Z)
계약단위 (거래단위)	10 metric ton
Tick Size	1.00
Tick Value	$10.00
최종거래일	결제 월 1일의 10 영업일 전
최종결제방법	실물인수도

◉ 거래시간 (상기 전산거래시간은 한국시간 기준 Summer Time 적용 시 1시간씩 빨라짐)

국내시간		현지시간/뉴욕	
전산장	18:45 ~ 익일03:30	전산장	04:45 ~ 13:30

▶ 커피 (Coffee)

항목	내용
상품개요	세계에서 가장 많이 거래되는 상품 중 하나이며, 중남미, 아시아 및 아프리카에서 생산되는 아라비카 커피로 원두의 등급과 항 컵테스트를 거치게 됩니다.
거래소	Intercontinental Exchange (ICE)
기초자산	커피 (Coffee)
계약월 (결제월주기)	3,5,7,9,12월 (H,K,N,U,Z)
계약단위 (거래단위)	115,000 pounds
Tick Size	0.05 cent
Tick Value	$18.75
최종거래일	결제 월 첫 영업일의 7 영업일 전
최종결제방법	실물인수도

◉ 거래시간 (상기 전산거래시간은 한국시간 기준 Summer Time 적용 시 1시간씩 빨라짐)

국내시간		현지시간/뉴욕	
전산장	18:15 ~ 익일03:30	전산장	04:15 ~ 13:30

❯ 설탕 (Sugar)

항목	내용
상품개요	설탕은 사탕수수 또는 사탕무를 재료로 하여 만든 감미료로서 120개 이상의 나라에서 생산되고 있습니다.
거래소	Intercontinental Exchange (ICE)
기초자산	설탕 (Sugar)
계약월 (결제월주기)	1,3,5,7,10월 (F,H,K,N,V)
계약단위 (거래단위)	112,000 pounds
Tick Size	0.01 cent
Tick Value	$11.20
최종거래일	결제 월 전월의 마지막 영업일 (1월 물: 12월 24일의 2영업일 전)
최종결제방법	실물인수도

◉ 거래시간 (상기 전산거래시간은 한국시간 기준 Summer Time 적용 시 1시간씩 빨라짐)

국내시간		현지시간/뉴욕	
전산장	17:30 ~ 익일03:00	전산장	03:30 ~ 13:00

❯ WTI 원유 (IICE WTI Crude)

항목	내용
상품개요	원유는 미국 서부 텍사스 지역에서 생산되는 중질유로 약칭은 WTI다. 국제원유가격을 결정하는 기준입니다.
거래소	Intercontinental Exchange (ICE)
기초자산	서부 텍사스산 중질유 (WTI)
계약월 (결제월주기)	매월
계약단위 (거래단위)	1,000 barrels
Tick size	0.01
Tick Value	$ 10.00
최종거래일	결제 월 전월 25일의 4 영업일 전
최종결제방법	현금결제

◉ 거래시간 (상기 전산거래시간은 한국시간 기준 Summer Time 적용 시 1시간씩 빨라짐)

국내시간		현지시간/런던	
전산장	10:00(월:08:00)~익일08:00	전산장	01:00(일:23:00)~23:00

[출처 : 이트레딩 증권 홈페이지]

5〉E-Micro 통화선물

▶ eMicro AUD/USD

항목	내용
상품개요	호주달러 대비 미달러의 교환비율 입니다. (호주 Dollar 선물의 1/10 사이즈)
거래소	Chicago Mercantile Exchange (CME)
기초자산	E-micro AUD/USD
계약월 (결제월 주기)	3,6,9,12월 (H,M,U,Z)
계약단위 (거래단위)	AUD 10,000
Tick Size	0.0001
Tick Value	$1.00
최종거래일	결제월 세번째 수요일 2영업일 전 09:16a.m (한국 익일 00:16)
최종결제방법	실물인수도

◉ 거래시간 (상기 전산거래시간은 한국시간 기준 Summer Time 적용 시 1시간씩 빨라짐)

국내시간		현지시간/시카고	
전산장	08:00 ~ 익일 07:00am	전산장	17:00pm ~ 익일 16:00pm

▶ eMicro GBP/USD

항목	내용
상품개요	영국파운드 대비 미달러의 교환비율 입니다. (영국 Pound 선물의 1/10 사이즈)
거래소	Chicago Mercantile Exchange (CME)
기초자산	E-micro GBP/USD
계약월 (결제월 주기)	3,6,9,12월 (H,M,U,Z)
계약단위 (거래단위)	GBP 6,250
Tick Size	0.0001
Tick Value	$0.625
최종거래일	결제월 세번째 수요일 2영업일 전 09:16a.m (한국 익일 00:16)
최종결제방법	실물인수도

◉ 거래시간 (상기 전산거래시간은 한국시간 기준 Summer Time 적용 시 1시간씩 빨라짐)

국내시간		현지시간/시카고	
전산장	08:00 ~ 익일 07:00am	전산장	17:00pm ~ 익일 16:00pm

▶ eMicro EUR/USD

항목	내용
상품개요	유로화 대비 미달러의 교환비율 입니다. (Euro FX 선물의 1/10 사이즈)
거래소	Chicago Mercantile Exchange (CME)
기초자산	E-micro EUR/USD
계약월 (결제월 주기)	3,6,9,12월 (H,M,U,Z)
계약단위 (거래단위)	EUR 12,500
Tick Size	0.0001
Tick Value	$1.25
최종거래일	결제월 세번째 수요일 2영업일 전 09:16a.m (한국 익일 00:16)
최종결제방법	실물인수도

◉ 거래시간 (상기 전산거래시간은 한국시간 기준 Summer Time 적용 시 1시간씩 빨라짐)

국내시간		현지시간/시카고	
전산장	08:00 ~ 익일 07:00am	전산장	17:00pm ~ 익일 16:00pm

▶ eMicro CAD/USD

항목	내용
상품개요	미달러 대비 캐나다달러의 교환비율 입니다. (캐나다 Dollar 선물의 1/10 사이즈)
거래소	Chicago Mercantile Exchange (CME)
기초자산	E-micro USD/CAD
계약월 (결제월 주기)	3,6,9,12월 (H,M,U,Z)
계약단위 (거래단위)	USD 10,000
Tick Size	0.0001
Tick Value	CAD 1.00
최종거래일	결제월 세번째 화요일
최종결제방법	실물인수도

◉ 거래시간 (상기 전산거래시간은 한국시간 기준 Summer Time 적용 시 1시간씩 빨라짐)

국내시간		현지시간/시카고	
전산장	08:00 ~ 익일 07:00am	전산장	17:00pm ~ 익일 16:00pm

▶ eMicro JPY/USD

항목	내용
상품개요	미달러 대비 일본엔의 교환비율 입니다. (일본 Yen 선물의 1/10 사이즈)
거래소	Chicago Mercantile Exchange (CME)
기초자산	E-micro USD/JPY
계약월 (결제월 주기)	3,6,9,12월 (H,M,U,Z)
계약단위 (거래단위)	USD 10,000
Tick Size	0.01
Tick Value	JPY 100
최종거래일	결제월 세번째 월요일 09:16a.m (한국 익일 00:16)
최종결제방법	실물인수도

◉ 거래시간 (상기 전산거래시간은 한국시간 기준 Summer Time 적용 시 1시간씩 빨라짐)

국내시간		현지시간/시카고	
전산장	08:00 ~ 익일 07:00am	전산장	17:00pm ~ 익일 16:00pm

▶ eMicro CHF/USD

항목	내용
상품개요	미달러 대비 스위스프랑의 교환비율입니다. (스위스 Franc 선물의 1/10 사이즈)
거래소	Chicago Mercantile Exchange (CME)
기초자산	E-micro USD/CHF
계약월 (결제월 주기)	3,6,9,12월 (H,M,U,Z)
계약단위 (거래단위)	USD 10,000
Tick Size	0.0001
Tick Value	CHF 1.00
최종거래일	결제월 세번째 월요일 09:16a.m (한국 익일 00:16)
최종결제방법	실물인수도

◉ 거래시간 (상기 전산거래시간은 한국시간 기준 Summer Time 적용 시 1시간씩 빨라짐)

국내시간		현지시간/시카고	
전산장	08:00 ~ 익일 07:00am	전산장	17:00pm ~ 익일 16:00pm

[출처 : 이트레딩 증권 홈페이지]

6〉 E-Micro 금선물

> ▶ **eMicro GOLD**

항목	내용
상품개요	미달러 대비 일본엔의 교환비율 입니다. (일본 Yen 선물의 1/10 사이즈)
거래소	Chicago Mercantile Exchange (CME)
기초자산	E-micro USD/JPY
계약월 (결제월 주기)	3,6,9,12월 (H,M,U,Z)
계약단위 (거래단위)	USD 10,000
Tick Size	0.01
Tick Value	JPY 100
최종거래일	결제월 세번째 월요일 09:16a.m (한국 익일 00:16)
최종결제방법	실물인수도

◉ **거래시간 (상기 전산거래시간은 한국시간 기준 Summer Time 적용 시 1시간씩 빨라짐)**

국내시간		현지시간/시카고	
전산장	08:00 ~ 익일 07:00am	전산장	17:00pm ~ 익일 16:00pm
전산장	08:00~익일07:00	전산장	18:00~익일15:00

[출처 : 이트레딩 증권 홈페이지]

4. 해외선물 주문 및 거래절차

1〉 주문의 종류

A. 지정가주문

투자자가 지정한 가격에 매수 또는 매도를 지시하는 주문으로, 시장가격이 지정한 주문가격과 같거나 유리한 경우에 체결됩니다.

B. 시장가주문(Market Order)

투자자가 가격을 지정하지 않고 현시점의 시장가격에 즉시 체결되도록 하는 주문으로, 형성된 시장가격에서 가장 유리한 가격부터 순차적으로 체결됩니다.

C. Stop주문

조건 주문의 형태로, 시장가격이 설정한 조건가격에 도달하게 되면 조건주문이 시장가 주문으로 전환되어 나가는 주문입니다. 추세매매를 위한 역지정가 기능으로도 유용합니다.

D. Stop지정가주문

STOP주문과 같은 조건주문이지만 차이점은 지정가격에 시장가격이 도달하게 되면 시장가로 전환되어 나가는 시점에 체결범위를 제한해 지정한 가격과 같거나 유리한 가격으로 체결을 받음으로써, 변동성이 큰 시장에서 상당히 불리한 가격에 체결되는 것을 방지하고자 할 때 유용합니다.

이외에 MIT주문, MOO주문, MOC주문 등 다양한 주문의 종류가 있으나, 이는 해당상품이 상장된 거래소에서 지정한 종류로만 주문이 가능하며 거래소마다 지원하는 종류는 다릅니다.

E. 양방향주문이 가능

주식의 경우에는 가격의 상승 시에만 수익을 얻을 수 있는데 반해, 해외선물거래는 가격의 하락 시에도 수익을 얻을 수 있는 양방향 수익구조를 가지고 있습니다.

2〉 일일정산

투자자의 일중매매 또는 미결제 포지션에 대해서 매일 정산가로 손익을 산출해 차액을 정산하며, 손실로 인해 증거금이 부족한 경우에는 고객에게 통보하며, 투자자는 통보받은 증거금 부족분에 대해서 추가적인 입금 또는 미결제 포지션을 청산해야 합니다.

3〉 실물의 인·수도

투자자가 보유한 포지션에 대한 청산은, 해당 상품의 만기일 이전 청산 또는 만기 보유에 따른 최종 결제를 통한 실물인·수도 방법이 있으나, 실물인·수도의 절차상 어려움과 투자자의 실물인수도 비용 부담 등의 이유로 해외선물의 최종결제를 통한 실물인·수도는 하지 않습니다.

이에 따라, 만기도래 상품에 대한 실물인·수도 위험을 회피하기 위해 거래소 최초통보일(FND: First Notice Day) 전일(FND-1일)에 해당 상품에 대한 신규진입이 제한되며, 미청산 포지션에 대해서는 익일 새벽 1시에 반대매매가 나가므로 유의하시기 바랍니다. 참고로 최초통보일(FND)보다 최종거래일이 먼저 도래하는 경우, 최종거래일을 최초통보일(FND)로 간주합니다.

4〉 증거금

A. 개시증거금(Initial Margin)

신규 포지션을 취할 때 납부하는 증거금으로, 수량에 증거금률 또는 증거금액을 곱하여 산출합니다. 증거금률 또는 증거금액은 가격수준, 가격 변동성, 기타 여러 가지 요소를 고려해 거래소에서 정합니다.

B. 유지증거금(Maintenance Margin)

보유하고 있는 미청산 포지션에 대해 일일 가격변동 제한폭 정도의 손실을 보전할 만한 최저 수준의 증거금이며, 일반적으로 거래소별, 상품별로 차이가 있습니다.

C. 추가증거금(Additional Margin)

미청산 포지션에 손실이 발생해 고객예탁금이 유지증거금 이하로 떨어질 경우 개시증거금 수준까지 추가로 납부하는 것을 말합니다. 이러한 추가증거금 납부에 대한 요구를 '마진콜(Margin Call)'이라 합니다.

D. CME 상품별 증거금율

상품구분	종목코드	종목명	위탁증거금	유지증거금
통화선물	6A	Australian Dollar	2,200	2,000
	6B	British Pound	2,035	1,850
	6C	Canadian Dollar	1,837	1,670
	6E	Euro FX	3,905	3,550
	E7	E-mini Euro FX	1,953	1,775
	6J	Japanese Yen	2,860	2,600
	6S	Swiss Franc	6,050	5,500
	RMB	Chinese RMB	3,300	3,000
	6M	Mexican Pesos	2,310	2,100
	6N	New Zealand Dollars	2,090	1,900
	6L	Brazilian Real	3,850	3,500
지수선물	YM	E-mini Dow ($5)	4,290	3,900
	EMD	E-mini S&P MidCap 400	7,370	6,700
	ES	E-mini S&P 500	5,060	4,600
	NQ	E-mini NASDAQ-100	3,960	3,600
	NKD	Nikkei 225 (Dollar)	4,400	4,000
금리선물	GE	Eurodollar Futures	275	250
	ZB	30-Year U.S. Treasury Bond	3,740	3,400
	ZN	10-Year U.S. Treasury Note	1,485	1,350
	ZF	5-Year U.S. Treasury Note	990	900
	ZT	2-Year U.S. Treasury Note	715	650

상품선물	금속	GC	Gold	4,125	3,750
		SI	Silver	7,700	7,000
		HG	Copper	3,410	3,100
		PL	Platinum	2,090	1,900
		PA	Palladium	4,400	4,000
		QO	e-miNY Gold	2,063	1,875
		QI	e-miNY Silver	3,850	3,500
	에너지	CL	Light Sweet Crude Oil	5,060	4,600
		HO	Heating Oil	5,940	5,400
		RB	RBOB Gasoline	5,830	5,300
		NG	Henry Hub Natural Gas	2,200	2,000
		QM	E-mini Light Sweet Crude Oil (WTI)	2,530	2,300
		QG	E-mini Natural Gas (Henry Hub)	550	500
		BZ	Brent Crude Oil	5,225	4,750
	축산물	GF	Feeder Cattle	2,475	2,250
		LE	Live Cattle	1,320	1,200
		HE	Lean Hogs	1,320	1,200
	농산물	ZS	Soybean	2,530	2,300
		ZC	Corn	1,375	1,250
		ZW	Wheat	1,925	1,750
		ZM	Soybean Meal	2,420	2,200
		ZL	Soybean Oil	880	800
		ZR	Rough Rice	935	850
		ZO	Oats	880	800
		GD	S&P GSCI	7,700	6,999

[출처 : 키움증권 홈페이지]

E. HKEX 상품별 증거금율

상품구분	종목코드	종목명	거래통화	위탁증거금	유지증거금
지수선물	HSI	Hang Seng Index	HKD	121,900	97,550
	MHI	Mini-Hang Seng Index	HKD	24,380	19,510
	HHI	H-shares Index	HKD	75,050	60,050
	MCH	Mini H-shares Index	HKD	15,010	12,010

F. SGX 상품별 증거금율

상품구분	종목코드	종목명	거래통화	위탁증거금	유지증거금
지수선물	NK	Nikkei 225 Index	JPY	440,000	400,000
	TW	MSCI Taiwan Index	USD	1,760	1,600
	IN	CNX Nifty Index	USD	880	800
	CN	FTSE China A50	USD	2,200	2,000

※ 해당 거래소에서 지정한 증거금이며, 거래소의 공지에 따라 수시로 변경됩니다.

5〉해외선물의 거래 절차

해외선물거래를 시작하기 위해서는 첫 번째로 해외선물옵션거래계좌가 있어야 하고, 두번째로 거래하고자 하는 해외선물상품마다 개시증거금에 해당하는 금액이 있어야 합니다. 아주 기본적인 것이지만 해외선물옵션거래계좌에 대해모르는 분들도 있으시기에 조금 더 설명을 드리자면, 주식거래를 하기 위해서는 증권사의 주식계좌(위탁계좌)가 있어야 하듯 해외선물상품을 거래하기 위해서는 증권사의 해외선물옵션거래계좌(해외파생상품 계좌)가 있어야 하고 증권사 지점, 은행 창구에서 해외선물옵션거래계좌 개설이 가능합니다. 해외선물옵션거래계좌 개설이 되었다면 집에 와서 증권사의 HTS(홈트레이딩시스템)를 설치 후 개설한 ID를 등록해야 합니다.

통상 해외선물옵션거래계좌개설일 기준 5일 이내에 HTS등록을 마쳐야 합니다. ID등록이 되었다면 투자자 정보 확인, 선물옵션파생상품 위험고지등록이라는 절차를 필수로 거쳐야 합니다. 선물옵션파생상품 위험고지등록을 하지 않으면 해외선물옵션거래계좌에 자금 예탁을 해도 주문이 되지 않습니다.

'위험고지등록'은 파생상품계좌(선물·옵션, ELW, 해외선물·옵션거래계좌 등)를 개설하면 필수로 거쳐야 하는 작업입니다. 증권사의 해외선물·옵션거래계좌로 직접이체도 가능하나 많은 증권사가 은행연계계좌를 부여하기 때문에 은행에서 해외선물·옵션거래계좌개설을 했다면 해당 은행계좌로 자금을 이체한 후 증권사 HTS의 온라인창구 화면을 이용해서 해당 해외선물·옵션거래계좌로 이체를 해주면 간편합니다.

해외선물상품은 상당히 많은 종목이 있습니다. 각 나라의 통화(유로FX, 호주달러, 파운드 등)부터 시작해서 지수(S&P 500 등), 에너지 및 금속(크루드오일, 천연가스, 골드선물 등) 수많은 종목이 해외선물·옵션계좌거래로 이루어지고 있습니다.

5. 중국 지수상품에 투자하라

1〉 새로운 트렌드 China A50지수선물

최근 국내 파생시장에 대한 규제가 강화되면서 국내 투자심리는 갈수록 위축되고 있습니다. 발 빠른 투자자들은 이미 해외시장에 눈을 돌리고 있으며, 해외선물거래량은 매년 50-60% 이상씩 폭발적으로 증가하는 추세로 이제 곧 주식시장을 추월할 것으로 전망되고 있습니다. 이런 상황에서 A50지수선물로 많은 투자자들이 이동하고 있습니다.

2〉 많은 해외선물 중 왜 China A50지수인가?

　전 세계적으로 후강퉁 시장에 관심이 쏟아지고 있는 상황에서 후강퉁 주식과 후강퉁 선물(A50지수선물)을 아우르는 다양한 수익 기반을 확보하는 게 급선무입니다. 중국선물은 국내선물보다 거래량이 많고, 변동성이 크면서 추세 판단이 용이해 국내 투자자들의 관심을 끌고 있습니다.

　중국시장에 관심은 높으나 개별종목 선택 및 투자금에 대한 부담으로 거래를 망설이는 투자자들에게 적은 증거금으로 중국시장에 투자할 수 있는 기회입니다. 보통 해외선물 하면 밤 22시~새벽 5시가 가장 거래량이 많다고 떠올리는데, China50지수선물은 낮 시간에도 거래량이 많다는 특징이 있습니다.

　국내 파생시장 규제로 기존의 Kospi200선물·옵션 투자자들은 대안상품을 원하고 있습니다. 풍부한 거래량과 변동성을 가진 A50지수선물은 투자자들에게 충분히 매력적인 상품이라 할 수 있습니다.

3〉 FTSE China A50지수선물이란?

FTSE(Financial Time Stock Exchange ; Financial Times와 런던증권거래소 공동 소유)가 중국의 A주(상하이, 선정 증시에 상장된 내국인 전용 주식) 중 상위 50개 종목을 지수화한 품목입니다. China A50선물은 FTSE China A50인덱스를 대상으로 미리 사거나 파는 계약입니다.

싱가포르증권거래소(SGX)를 통해 선물거래가 됩니다. Kospi200지수선물·옵션 대비 낮은 증거금으로 고수익을 추구할 수 있으며, 수수료 할인율은 더욱 큽니다. 호가 단위는 2.5 지수 포인트, 틱 가치는 $2.5입니다. 3월. 6월. 9월. 12월 마지막 날 영업일수로 2일 전이 만기일입니다.

거래 시간은 우리시간 기준으로 오전 10:00~17:00와 오후17:40~03:00, 두 섹션으로 나눠집니다. 점심시간 12:30~14:00에는 거래량이 적은 편이고 10:00~17:00에 가장 거래량이 많습니다

현재 증거금은 990달러로 그렇게 많지는 않지만 최근 변동성 및 거래량이 많아져 증거금이 수시로 변동되기 때문에 China A50지수선물의 증거금이 얼마인지 계속 확인할 필요가 있습니다.

China A50지수선물은 틱 가치가 낮아 다른 해외선물상품에 비해 부담이 없으면서 비교적 모멘텀이 큰 편이라 초보자가 추세매매하기 좋은 상품입니다. 국내시장이 지지부진할 때 한번쯤 도전해볼 만한 좋은 상품으로, 개인투자자들이 최근 새로운 트랜드 상품으로 이전되고 있습니다.

FTSE China A50 지수 10대 기업

전체 주식 구성 = 50출처

	주식	가지수 가중치 (%)
1	Ping An Insurance Group Co of China Ltd	8.45
2	CITIC Securities	7.14
3	China Merchants Bank Co Ltd	6.09
4	China Minsheng Banking Corp Ltd	6.04
5	Shanghai Pudong Development Bank	4.43
6	Industrial Bank Co Ltd	4.31
7	Haitong Securities Co Ltd	3.78
8	China Vanke Co Ltd	3.46
9	Bank of Communications Co Ltd	3.32
10	Agricultural Bank of China Ltd	2.87

출처: Bloomberg, 2015년 1월 5일

상관 관계 매트릭스

FTSE China A50 주가지수	30 일	60 개월	1년
CSI300 주가지수	95.3%	94.5%	94.0%
iShares FTSE A50 China 주가지수 ETF	92.7%	92.6%	91.4%
United SSE50 China ETF	76.2%	73.4%	72.5%

출처: Bloomberg 2015년 1월 5일

계약 내역

원주 지수	FTSE China A50 지수. 상하이 및 선전. 증권거래소에 상장 된 A 주 회사 중, 시가총액 기준으로 가장 큰 50개 종목으로 구성
거래 단위	US$1 x SGX FTSE China A50 지수 선물 가격 ≈ US$11,805* (*선물 가격 : 11,805달러로 가정 시)
결제월	최근 연속 2개월과 3월, 6월, 9월 및 12월
최소 가격 변동폭	지수2.5 points(US$2.50)
거래 시간 (한국 시간 기준)	주간 : 오전 10시 – 오후 5시 야간 : 오후 5:40 – 오전 3시(익일거래에 포함)
최종 거래일	계약 월 마지막 2영업일전
일일가격제한폭	전일 종가의 10% 및 15%(각 한도 도달 시, 10분간 거래 중단). 이후로 당일 거래 종료 시까지 가격제한 없음. 최종거래일은 가격 제한 없음.
결제 방식	현금 결제
최종 결제 가격	FTSE China A50지수의 공식 종가 지수는 두 자릿수까지 반올림됨
포지션 한도	계약 15,000건(승인 시 더 높은 한도 적용 가능)
NLT(대량협의매매)	최소50계약
증거금 (2015년 1월 21일)	개시: US$1,430 유지: US$1,300
가격 정보 (제공: Ticker)	Bloomberg: XUA <Index> Reuters: SFC:<F3>

4〉 홍콩항생지수선물이란?

　홍콩의 대표적 은행이라고 불리는 항생은행이 홍콩의 증권거래소에 상장되어 있는 종목들 중 상위 33개의 우량종목들을 대량으로 산출하는 주가지수를 뜻하며, 중국증시의 주가 동향을 나타내는 대표적 역할을 합니다. 항생지수를 얘기할 때 빠지지 않고 등장하는 것이 바로 레드칩지수와 홍콩H지수입니다.

A. 레드칩지수

　레드칩지수란 홍콩투자가들이 90년대 만들어낸 신조어로, 홍콩증권거래소에 상장되어 있는 27개의 종목들을 시가총액으로 가중평균해 지수화한 것입니다. 원래는 홍콩증권시장에 상장되어 있는 기업들의 주식들을 전부 레드칩지수라고 했지만 현재는 중국의 국영기업과 정부가 최대주주로 참여한 우량기업들의 주식들만 칭하고 있습니다.

　중국증시는 중국내륙시장과 홍콩시장으로 나누어져 있는데, 레드칩은 홍콩증권시장에 상장되어 있으며 항생지수의 24% 이상의 비중을 차지하고 있다고 합니다.

B. 홍콩H지수

94개 중국기업들이 홍콩거래소에 상장되어 있는데, 그중 32개의 우량주로 구성되어 있는 것이 홍콩H지수입니다. 홍콩H지수 또한 외국인 투자가들의 비중이 높으며 주로 에너지나 소재 관련한 주식의 비중이 높습니다. 가장 대표적인 해외선물 중 하나입니다.

◇ 홍콩항생지수선물, 어떻게 접근할까?

홍콩거래소 상품들의 경우 주로 홍콩항생지수나 중국지수들이 주된 상품이기 때문에 최근 후강퉁이나 홍콩거래소주식의 변동성에 힘입어 거래가 많이 늘고 있는 상황입니다. 금융투자협회에서 제공하는 해외선물거래량을 확인해보면, CME쪽 상품이 상위권을 점령하고 있으나 최근 홍콩거래소상품들이 큰 폭의 신장세를 보인 것을 확인할 수 있습니다. 물론 거래의 대부분은 현재 금융법인들의 물량이지만 개인들의 물량도 꾸준히 증가하고 있습니다.

◇ 홍콩지수선물의 종류와 특징

국내에서 거래가 많이 되는 상품은 Hang Seng, H-Share, CES China120, Mini Hang Seng, Mini H-Share 5가지 정도입니다. 항셍지수는 홍콩주식시장의 벤치마크 지수로, 증권거래소에 상장된 33개의 우량주식의 시가총액을 기준으로 가중평균해 산출한 지수입니다. 이는 아시아를 대표하는 지수종목의 하나로, 각 구성종목의 시장 가치가 지수의 방향성과 직접적으로 연계되어 있으며 33개 우량종목의 시가총액이 홍콩주식시장의 80% 이상을 차지하는 대표적인 지수입니다.

H지수는 홍콩거래소에 등재된 43개 중국 국영기업 H-Share 종목의 성과를 추종하는 지수입니다. 이는 중국법에 근거, 위안화로 발행된 우량 H-Share 종목을 시가총액 기준으로 가중평균해 산출한 지수로, 중국 경제의 성장동력을 가장 잘 반영하고 있다는 평가입니다. CES China120는 상해, 심천과 홍콩에 상장되어 있는 주식들을 아우르는 120개 종목을 지수화했습니다. 중국의 크로스 보더 지수로, 중국 전체 지수들에 대한 투자 기회를 제공합니다. 그리고 해당 종목들에 대해 개인 고객들의 시장참여를 위해 미니 종목을 같이 상장을 해서 거래하고 있습니다. 미니종목은 기존 상품의 1/5 크기입니다.

해당통화	HKD	위탁증거금	118,600	유지증거금	94,900
구분		내용			
상장거래소	Exchange	HKFE			
상품기호	Symbol	HSI			
계약단위	Contract Size	Hang Seng Index × HKD 50			
가격단위	Quotation	지수포인트			
계약월물	Contract Month	연속2개월및2분기월			
호가단위	Tick	1 지수포인트			
최소가격변동	Tick Value	HKD 50 = 1 (최소호가단위) × HKD 50 (1계약의크기)			
결제방식	Settlement	현금정산			
일일가격제한폭	Daily Price Limit	없음			
최종거래일	Last Trading Day	결제월최종영업일직전영업일			
거래시간	Trading Time	[국내시간] (월~금) 10:15~13:00 14:30~17:15 18:00~24:00	[현지시간]홍콩 (월~금) 09:15~12:00 13:30~16:15 17:00~23:00		

해외선물 실전로드맵
- 심화편

　해외선물시장에 참여하는 국내 투자자들이 빠르게 늘고 있습니다. 금융투자협회에 따르면 2013년 국내투자자의 해외선물 거래량은 총 1,446만 2,704계약으로 2010년도 484만 4,624계약에 비해 무려 3배 가까이 증가했습니다. 이같이 해외선물의 거래량이 급증한 배경에는 여러 가지 요인이 있는 것으로 분석됩니다. 이 기간 동안 국내 증시는 좁은 박스권에 갇혀 답답하게 움직인 반면, 미국, 유럽, 일본 등 선진국 증시는 뚜렷한 상승세를 보여 이러한 추세에 편승하고자 하는 국내투자자들이 해외로 향하게 된 것입니다.

　2~3년 전 한국에서 해외선물거래량이 가장 많은 상품은 유로FX였습니다. 전체 해외선물거래량의 90%가 유로FX였지만, 최근 들어 해외선물거래량 중 상품선물거래량이 늘기 시작했습니다. 최근에는 전체 해외선물거래량 중 Crude Oil상품이 전체의 35-40% 정도를 차지할 정도입니다.

국내파생상품시장은 주가지수선물에만 거래가 집중되고 있으나 해외선물시장에는 주가지수 외에도 원유, 금 등 원자재와 통화, 채권 등 다양한 상품이 풍부한 유동성을 바탕으로 거래되고 있어 선택의 폭이 훨씬 넓은 장점이 있습니다.

　　해외선물은 국내선물보다 증거금이 낮아 개인투자자들이 진입하기가 용이합니다. 올해부터 바뀐 제도에 따라 개인투자자가 국내선물거래를 하려면 3000만 원 이상 예탁해야 하고 사전교육 30시간과 모의거래 50시간을 이수해야만 합니다. 반면 해외선물은 상품에 따라 차이가 있지만, 최소 100만 원 정도면 특별한 규제 없이 누구나 거래할 수 있습니다.

　　하지만 이러한 장점에도 불구하고 많은 개인투자자들이 제대로 된 지식과 경험 없이 해외선물투자에 무작정 뛰어 들었다가 낭패를 보는 경우도 많습니다. 증거금의 10배가 넘는 레버리지와 하루가 다르게 변하는 국제금융시장의 높은 변동성으로 고수익을 낼 수 있는 기회가 분명 있지만 이는 체계적인 투자기법과 엄격한 위험관리 규칙에 의해 매매하는 투자자들만이 누릴 수 있는 특권입니다.

　　해외선물투자에 성공하기 위해서는 성급함을 버리고 선물거래에 필요한 기본지식과 아울러 체계적인 투자기법과 위험관리방법, 특히 심리조절 등에 관한 교육이 반드시 우선되어야 합니다.

1. 글로벌 경제지표를 이해하고 분석하라

해외선물은 특정 경제지표나 돌발 이벤트 발생 시 일정한 추세를 유지하며 움직이는 경우도 있지만 가격이 위·아래로 크게 흔들리며 변동성만 확대되거나 이벤트 발생 후 나타났던 추세가 시간이 지남에 따라 급격히 반대로 움직이는 경우도 많은 편입니다.

해외선물을 처음 접하는 고객들은 차트가 급격히 움직이면 당황할 수도 있고 자신이 예상한 방향이나 진입한 포지션과 반대되는 움직임이 발생된다면 대응을 못하고 손실을 확대하는 경향도 많이 보이는데, 차라리 자신의 예상과 반대되는 추세가 나올 경우 손실을 빠르게 확정짓고 그 추세대로 매매하는 것도 좋은 방법입니다.

대부분의 해외선물을 매매하는 개인은 기관이나 큰손보다는 정보의 습득에서 뒤질 수 있기 때문에 증권사에서 제공하는 지표나 뉴스 등에서 최대한 정보를 참고해야 하고 해당 지표가 어떤 부분에 영향을 주는지도 미리미리 공부해둬야 합니다.

1〉 미국 경제지표의 이해와 분석

A. FOMC 회의록(FOMC Meeting Minutes)

　미연방공개시장위원회. 미연방준비위원회의 이사 7명, 뉴욕연방준비은행 총재 외에 11명의 연방은행 총재 중 4명이 1년씩 교대로 위원이 됩니다. 위원장은 FRB 의장이 맡습니다. 단기금융정책의 목표를 결정하거나 공개시장조작의 방침 결정 등의 기능을 합니다. 이 위원회의 결정은 미국의 경기를 예측하는 데 중요합니다. 정례회합은 1년에 8회, 워싱턴의 FRB 본부에서 개최된다. 연간 8회의 스케줄은 매년 3월 혹은 4월의 회합에서 결정하고, 정세급변에는 임시회합이나 전화에 의한 상담으로 대응하고 있습니다. 의사록은 다음 회의가 끝난 수주일 내에 공개합니다.

　향후 금리의사결정에 영향을 미칠 수 있는 연방공개시장위원회의 최근 회의 내용을 자세히 기록한 것으로 앞으로 금리변화에 영향을 미칠 수 있는 주요쟁점에 주목하는 경향이 큽니다. 현시점에서 예를 들면, 경제지표와 전망을 근거로 저유가와 달러화 강세 탓에 인플레이션이 압박을 받고 있다며 올해 말까지 금리인상 여부를 예측할 수 있습니다.

[회의록 발표 직후 유로화의 모습]

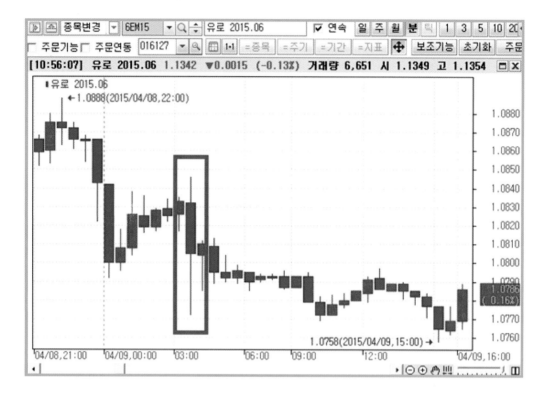

차트는 FOMC 회의록에서 금리인상론이 제기되며 유로화의 변동성에 영향을 준 패턴을 보이고 있습니다.

B. 주택착공(Housing Starts)과 건축허가(Building Permits)

신규주택착공건수 ÷ 당월건축허가건수를 의미합니다. 침체기, 회복기 등의 경제상황을 알 수 있게 해주는 중요한 지표입니다. 가계예산 중 모기지 비용 등 주거관련비용이 가장 많은 부분을 차지(약 40%)하고 있어 주택지표는 미국 경제상황에 대한 설명력을 가지고 있습니다.

가구, 가전제품 등 주거와 관련된 내구재도 주택시장의 움직임에 따라 결정되는 만큼 발표되는 지표는 단순히 주택시장의 상황만을 포함하는 것이 아니라, 주택시장과 관련된 전반적인 상황을 설명해줍니다. 모기지가 일반화되어 있는 미국의 경우 모기지 금리의 변화에 의해 영향을 받으며 보통 모기지 금리와 약 2~3개월간의 시차를 두고 움직입니다.

C. 기존주택판매(Existing Home Sales)

기존 주택의 구입자들은 주택 구입과 더불어 가전제품과 같은 소비재를 구매하기 때문에 산업전체의 순방향으로 파급효과를 미치게 됩니다. 금리가 변동될 경우 이 지표는 민감하게 반등하게 되는데, 금리가 상승하면 신규로 주택을 구입하는 사람은 모기지에 대한 이자부담 등으로 주택구입 자체를 포기할 수밖에 없기 때문입니다.

또한 기존 주택판매량은 금리에 따른 월별 등락률이 큰 지표 중 하나입니다. 다만 혹서기, 혹한기와 같은 계절적 특성으로 인한 영향 역시 많이 받기 때문에 주택판매량은 시장에서 신뢰할 만한 지표로는 인정받지 못하는 경향이 있습니다.

D. 신규주택판매(New Home Sales)

신규주택판매란 매월 신규로 건축되어 이미 팔렸거나 또는 팔려고 내놓은 단독주택의 판매동향을 측정한 것으로 주택판매건수 이외에도 가격, 수량, 재고 등도 같이 발표됩니다. 신규주택판매는 주택시장의 선행지표 역할을 해 중요한 지표 중 하나며 기존주택판매와 함께 미국 경제에 있어 중요한 부분을 차지하는 주택 및 건축경기동향을 파악하는 데 활용됩니다.

또한 신규주택판매는 건축물의 완성 여부와 관계없이 실제 계약시기에 의거해 계산되기 때문에 대강의 실수요를 측정하는 데 도움이 됩니다. 신규주택판매가 증가하면 착공건수나 허가건수가 증가하고 그로 인해 건설업이 호전되는 등 선순환의 기회가 됩니다. 반대로 신규주택판매의 감소는 향후 건설허가 주택착공의 감소를 시사하고 이는 곧 건설부문의 고용감소 및 신규 주문침체 등의 악순환으로 연결될 수 있는 발표는 매월 마감 후 25일쯤 발표합니다.

[신규주택판매지표 발표 후 유로화의 변동성]

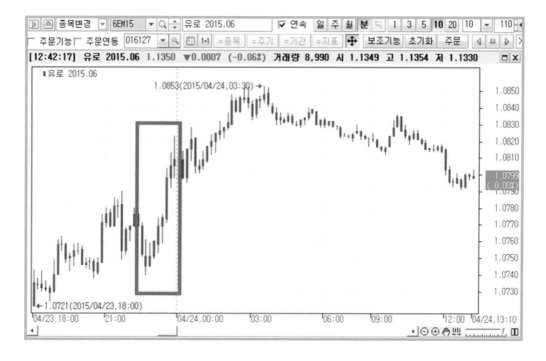

E. 내구재 주문(Durable Goods Orders)

내구재 주문은 내구재 제조 및 선적에 대한 신규주문을 말합니다. 비교적 오래 지속가능한 상품에 대한 주문가치를 산정하는 것으로, 3년 이상 유지가 되는 제품(자동차, 전자제품 등)을 말합니다.

이를 통해 대규모 투자를 필요로 하는 개인·기업들의 지출 가치를 간접적으로 반영할 수 있으며 상품의 실질 생산으로 이어지는지의 여부가 관철됨으로써 영향력이 비교적 큰 지표로 분류됩니다.

내구재는 일반적으로 경제변화에 민감한 것으로 알려져 있습니다. 경기가 위축될 경우 소비자들은 자동차, TV 등 내구성을 지닌 상품의 구매를 미룰 수 있고 반대로 경기가 회복될 경우 이를 상품에 대한 수요가 증가할 수 있음을 시사합니다.

때문에 제조업 경기흐름을 파악하는 데 활용되며 제조업지수의 선행지표 역할을 하게 됩니다. 다만 변동성이 커 순수한 지표의 결과보다 항공기 등 변동성이 큰 분야를 제외한 부분을 더욱 중요시 여기고 있습니다. 발표는 매월 네째 주 26일에 합니다.

[내구재 주문지표 발표 후 유로화의 변동성]

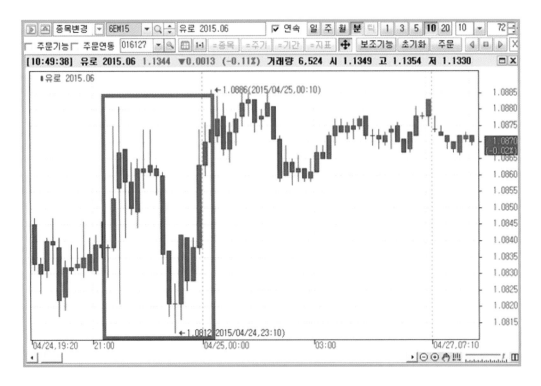

F. 신규 실업수당 청구건수

신규 실업수당 청구건수는 실업자가 매주 신규로 실업수당을 신청한 건수를 통계화한 것으로, 변동성이 커 4주 연속 신청건수도 같이 발표됩니다. 실업률의 증감을 미리 예측케 하는 선행지표의 역할을 하고 매주 집계해 발표되는 만큼 4주 평균 자료의 신뢰성은 보다 높습니다.

특히 고용보고서의 선행 역할을 하면서 중요한 지표 중 하나로 구분됩니다. 40만 건을 고용창출의 기준점으로 인식(이하로 내려가면 해고보다 고용이 많다는 것)하며 실업자수 증가는 실업수당 신청도 증가의 상관관계가 있어 수치가 점진적으로 증가 시엔 고용시장 여건 악화를, 감소 시에는 고용시장 여건 개선을 예측할 수 있습니다.

미 신규실업수당 청구건수가 증가한다는 것은 경기가 위축된다는 것이고, 이는 우리나라 등 수출의존도가 높은 신흥국들에게는 수출이 감소하다는 것을 이야기합니다. 때문에 이러한 수출감소는 무역수지 위축과 함께 원달러 환율 상승의 효과를 주게 되고 이는 신흥국 전반적으로 공통되는 현상이므로 환율과 지수전망 또한 알 수 있도록 관심을 가져야 하는 지표입니다.

G. ADP 비농업취업자수 변화량(ADP Non-Farm Employment Change)

ADP 민간고용보고서는 ADP(Auto Data Processing - 민간고용동향 조사기관)에서 조사해 발표하는 취업자 변동지수며 비농업부문 35만 개 회사, 2천만 명가량 노동자의 월급명세서를 토대로 작성하며 정부, 기관을 제외한 민간부문 고용 동향을 나타내는 고용지표로 활용됩니다.

ADP 민간고용보고서는 여러 지표들 중 실제 월급명세서를 이용해 발표하는 유일한 지표로 신뢰성이 높지만 반대로 변동성이 큰 것이 흠입니다. 때문에 지표 자체를 신뢰하기보다는 방향성만을 판단해 이보다 매주 발표되는 신규실업수당 청구건수를 더 중요하게 여기고 있습니다. 물론 고용보고서를 미리 예단할 수 있다는 점에서 관심있게 봐야 하는 지표 중 하나입니다.

[ADP 고용변화율 발표 이후 유로화의 변동성]

H. ISM 제조업지수(ISM Mfg Index)

ISM 제조업지수는 미국 공급관리협회(ISM)가 매월 첫째 영업일에 발표하는 제조업지수로, 제조업체의 구매담당자가 느끼는 경기를 지수화한 것으로 현장성과 전문성을 가집니다.

ISM 제조업지수는 미국 실물경제의 대표적인 선행지표로, 미국 20개 산업의 300개 제조업체들에게 신규수주, 생산, 고용, 물품인도, 재고 등에 관한 설문을 돌리는 식으로 산출됩니다. 매월 경제지표 중 가장 먼저 발표되어 앞으로 발표될 지표들의 분위기를 가늠해 볼 수 있고, 특히 한국의 수출과 약 6개월 정도 선행지표로 활용되기 때문에 중요한 지표입니다.

ISM 제조업지수의 기준선은 50이고, 50 이상일 경우 미국 제조업경기가 확장, 50 이하일 경우 수축된다는 것을 의미합니다. 50 이하로 3개월 연속 유지되는 경우 경기둔화의 가능성을 점검해야 합니다.

[ISM 제조업지표 발표 이후 유로화의 변동성]

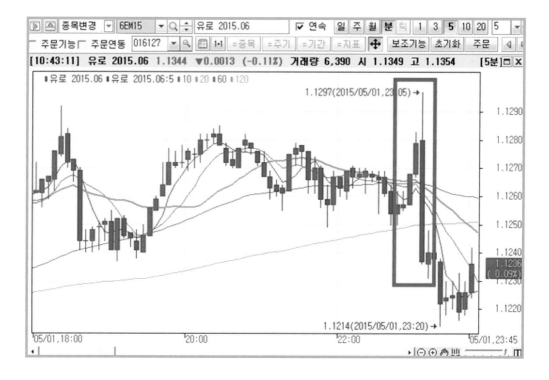

I. ISM 비제조업지수(ISM 서비스업 지수, ISM Non-Mfg Index)

ISM 비제조업지수는 미 공급관리자협회에서 1998년 6월부터 서비스부문의 경기상황을 다루기 위해 조사, 작성되었으며 비제조업 경기현황을 반영하는 경기선행지표로 활용됩니다.

전체 경제의 90%를 차지하는 서비스업을 바탕으로 하며 총 10개의 지수가 발표됩니다(신규주문, 공급자배달, 산업활동, 고용, 재고, 가격, 잔고, 신규수출주문, 수입, 체감잔고 등). ISM 제조업지수와 마찬가지로 50을 기준으로 하며 50을 상회할 경우 비제조업 경기의 확장을 , 하회할 경우 비제조업 경기의 위축을 의미합니다.

신규주문(New Orders)같은 지수는 경기선행지수 역할을 하며 산업별 GDP에 대한 기여도에 따라 가중치를 부여하기 때문에 비교적 정확하게 경기 상태를 파악할 수 있는 지표입니다. 또한 ISM 제조업지수는 경제가 회복단계에 들어갔을 때 인플레이션을 나타내는 바로미터 역할을 합니다.

J. 고용보고서(Empolyment Situation)-비농업부문 고용변화량

고용보고서는 노동부에서 발표하는 고용 관련지표로 농업부문을 제외한 월간 고용변화 형태를 파악하는 데 활용되는 지표 중 가장 중요합니다. GDP 핵심 4대요소 중 소비와 관련해 고용지표는 매우 중요한 자료로, 미국 내 일자리와 관련된 가장 포괄적인 의미의 데이터며 고용상황을 가장 잘 보여줍니다. 전 월의 경제성과를 검토한 후 일주일 후에 발표되고, 고용시장, 수입, 지출, 향후 경제활동을 예측하는 데 필요한 정보 등이 자세하게 들어있어 중요한 지표입니다(가계지출이 GDP의 2/3를 차지하는데, 고용이 증가하면 더 많은 지출이 일어나고 그로 인해 기업들의 활동이 커지면서 경제는 성장하기 때문).

또한 고용보고서는 연준의 금리결정, 잠재적 인플레이션 수치 등에도 전반적으로 영향을 미치게 되므로 중요하게 봐야 합니다. 때문에 고용보고서를 예상하는 데 심혈을 기울이지만 정보가 많지 않아 예측에 애를 먹기도 합니다. 고용보고서를 일정 부분 예상할 수 있는 방법이 있습니다. 이는 가계조사와 사업장 조사입니다.

첫 번째로 가계조사는 매달 12일이 속해 있는 주에 6만 가구를 대상으로 전화, 우편 인터뷰를 실시하며 응답률이 높기 때문에 거의 정확하다고 볼 수 있습니다. 여기에 신규실업수당 청구건수는 전 주의 흐름을 보여주기 때문에 12일이 끼어있는 주의 다음 주 신규실업수당 청구건수가 어떻게 변화하느냐에 따라 어느 정도 예상을 해볼 수 있습니다.

두 번째로 사업장 조사는 ADP 민간고용보고서와 비슷하게 월급명세서를 가지고 파악을 하고 40만 개에 이르는 기업, 정부 관련기업들을 대상으로 매달 중순에 우편과 전화를 통한 조사를 합니다. 단, 앞선 두 가지 조사방식에서 가계조사는 노동연령에 해당하는 사람들에게만 조사하지만, 임금대상조사는 신규 일자리에 관한 질문을 하기 때문에 실제로는 다르게 나오기도 합니다. 매월 첫째 주 금요일에 발표합니다.

[고용지표 발표 후 유로화의 변동성]

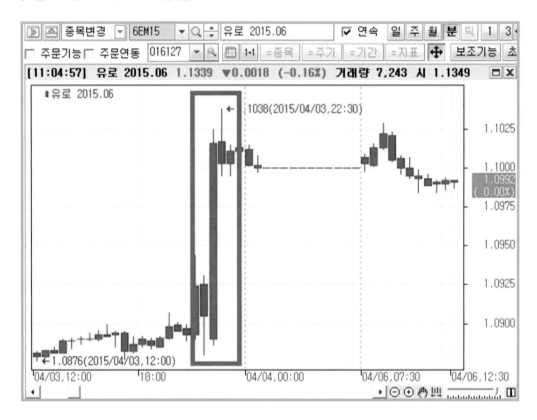

2015년 4월 3일 고용지표 발표 직후, 지표부진으로 큰 실망감을 주며 달러화가 급락하며 유로화가 급등하고 있습니다.

K. 생산자물가지수(PPI)

생산자물가지수는 기업이 지불하는 가격의 변화를 측정해 지수화한 지표로 1차 거래단계에서 기업 상호간에 대량거래되는 서비스를 제외한 모든 상품의 평균적인 가격변동을 측정하기 위하여 작성된 지수입니다.

생산자물가지수는 소비자물가지수, 수입물가지수 등에 비해 범위가 넓어 국민경제의 물가수준 축정에 가장 대표성이 높은 물가지수로 평가받고 있습니다. 이는 소비자물가지수가 판매자로부터 얻은 자료를 기반으로 작성되는 것과는 달리 생산자판매가격에 입각해 작성되기 때문입니다.

생산자물가지수는 기업의 생산비용 등을 측정해 기업이윤 및 배당률 등을 판단할 수 있습니다. 인플레이션지표로 활동되며 생산자가격의 동향을 측정함과 동시에 국민경제 계산의 디플레이터로도 이용됩니다.

또한 생산이 증가할 때 원자재 수요가 증가하는데, 원자재 가격은 경제활동 변화에 민감하게 반응하기 때문에 중요해 변화율을 참고해야 합니다.

[생산자물가지수 발표 후 금선물의 변동성]

L. 소비자물가지수(CPI)

소비자 물가지수(CPI)는 인플레이션과 밀접한 관계를 가지고 있는 중요한 지표로, 기준연도의 물가를 100으로 두고 비교시점의 물가를(기준연도 대비) 비교해 %를 산정합니다. 주거, 식품, 운송, 의료, 의류, 오락, 기타로 세분화되며 상대적 중요성에 따라 가중치를 적용합니다.

경기동향에 민감하게 반응하므로 기본적인 경기 판단지표로 활용되며 상승국면에서는 수요증가로 인해 상승, 하강국면에서는 수요감소에 의해 하락하는 특성을 지닙니다. 모든 물건가격을 빠짐없이 망라해 작성되는 것은 아니고, 일정한 기준에 따라 선정된 품목만을 대상으로 작성됩니다.

가격이 비쌀수록 ,구입빈도가 높을수록 가중치가 붙는 식으로 계산되며 기준연도를 매해 바꾸는 것이 아니고 조사대상 품목의 종류와 가중치도 매해 산정되는 것이 아니므로 소비패턴이 빨리 바뀔수록 소비자가 느끼는 물가와의 괴리가 커질 수 있습니다. 소비자물가지수는 인플레이션 규정을 할 때 널리 이용되며 소비자물가지수에 따라 미연준, 한국, ECB 등 각국 중앙은행의 금리결정과 정책방향 등을 예단할 수 있어 중요한 지표로 분류됩니다.

M. 소매판매(Retail Sales)

소매판매는 소매업체들이 소비자들에게 판매한 제품의 총량을 말하며, 소비자 지출액의 50% 정도를 차지한다고 알려져 있으며, 소비자의 수요측면과 신뢰도면에서 가치 있는 지표로 활용되고 있습니다. GDP의 4대 핵심요소 중 하나인 가계부문지출(GDP의 3/2 차지)이 있는데, 소매판매는 가계지출에 고용지표와 더불어 큰 영향을 주는 지표입니다.

이는 전체 소비자 지출액의 50%를 차지한다고 알려져 있고, 처음 발표되는 소매판매 추정치 자료를 토대로 얻어지는 것이기 때문에 향후 수정치가 크지만 소비지출을 추정할 수 있는 첫 번째 자료라는 점에서 상당히 중요합니다. 계절에 따른 수치변동이 심한 편이며 또한 가격변동성이 큰 자동차판매액을 제외한 근원적인 소매판매에 더욱 의미를 크게 부여할 수 있습니다.

[소매판매지표 발표 직후 유로화의 변동성]

N. 국민 총생산(GDP-Gross Domestic Product)

모든 경제지표 중 가장 포괄적인 거시경제지표로, 이미 발표된 기초통계를 이용해 편제되는 가공통계이므로, 확정GDP를 입수하기까지 비교적 많은 시일이 소요되는 단점이 있습니다.

국적에 상관없이 한 국가 안에서 생산되는 재화와 서비스의 시장가치를 평가한 것입니다. 국민총생산(GNP)이 국민에 착안한 통계인데 비해, GDP는 국토 내에서의 생산에 착안한 통계입니다. 외국인이 한 국가 안에서 생산한 것은 GDP에는 계상되지만 GNP에는 포함되지 않습니다.

GDP에는 네 가지 주요 구성요소가 있습니다. 소비, 투자, 재정(정부지출), 수출입니다. GDP는 다음 분기 첫째 월 25일경에 추정치가 발표되며 잠정치는 1개월 후인 다음 분기 둘째 월에, 확정치는 다음 분기 말월에 각각 수정 발표됩니다. 연간GDP는 다음해 7월에 과거 수년의 수정치와 함께 최종 발표됩니다. 중요내용은 GDP성장률, 최종판매증가율, 재고증가 등입니다.

[GDP 확정치 발표 이후 유로화의 변동성]

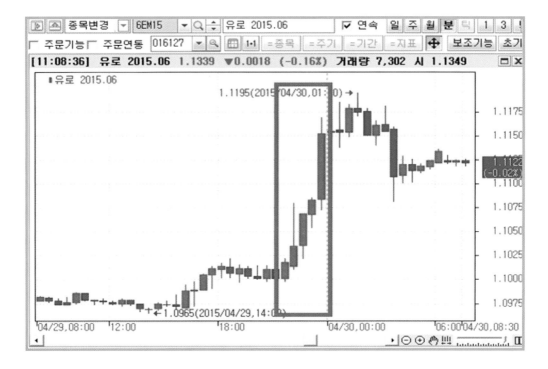

O. 소비자 신뢰지수 (Consumer Confidence)

    소비자 신뢰지수는 컨퍼런스 보드가 매월 5,000여 가구를 대상으로 한 설문조사를 수집해 발표하는 지표입니다. 소비자 지출패턴, 노동시장 동향 등을 파악하기에 매우 용이합니다. 구성은 60%가 현재 상황에 대한 소비자의 평가지수로, 40%는 소비자의 기대지수로 짜여 있습니다. 소비자 지출은 미국경제의 2/3를 차지하기에, 소비자 신뢰도에 그리고 시장에 미치는 영향도 큰 편입니다.

    특히 현재 경기수준과 6개월 후 경기수준, 고용시장과 6개월 후 고용시장, 6개월후 소득에 대한 설문으로 지표화했기 때문에 실제 소비자들의 현재와 미래의 경기를 알 수 있습니다. 이로 인해 소비와 고용 등을 알 수 있고 지수와 동행하기 때문에 중요한 지표로 분류됩니다.

다만 소비자 신뢰지수가 6개월 후의 소비를 예측하므로 소비자들의 응답과 6개월 후 실제 지출규모는 차이가 날수 있다는 단점이 있어, 단순히 소비자의 미래소비를 예측하기보다 광범위하게 기업과 일반인이 미국의 경제체력을 어떻게 판단하는지 분석하는 자료로 볼 수 있습니다.

[소비자 신뢰지수 발표 이후 유로화의 변동성]

P. S&P/CS 주택가격지수

S&P/CS 주택가격지수는 S&P가 발표하는 주택가격지수로 06년 12월에 처음 발표되었고, 주택산업의 상태를 파악할 수 있는 지표입니다. 보통 두 달 전 자료를 바탕으로 20대 대도시 주택 판매가격의 변화량을 측정해 지수화한 지표며 명명된 이유는 케이스 교수와 쉴러 교수가 공동으로 버블을 연구하다 부동산 지수로 개발한 데 따른 것입니다. 주택가격이 상승할 경우 투자자 및 산업별 활동에 직접적인 영향을 미치며 이로 인해 고용, GDP 등에 영향을 주기 때문에 중요한 지표 중 하나로 분류됩니다.

Q. 소비자 심리지수(Consumer Sentiment)

미시건대에서 500명의 성인을 대상으로 현재와 미래 금융상황과 내구재 구입조건 등을 질문해 소비심리를 알 수 있는 설문조사입니다. 높은 시의성과 선행지표의 구성항목이라는 측면에서 중요한 지표로 활용되고 있고 매달 예비치와 확정치를 발표합니다.

경기선행지수와 비슷한 의미로 해석되지만 소비자들의 설문 조사에 근거하기 때문에 더욱 중요하게 작용하기도 합니다. 특히 소비자 신뢰지수(컨퍼런스보드)는 노동과 고용 중심의 설문이며 미시건대 소비자 심리지수는 재무적인 부분이 많아 소비와 밀접한 관계를 가지고 있다고 볼 수 있습니다.

R. NAHB 주택시장지수

전미주택건설업협회(NAHB)에서 매달 주거용 건축업자들을 대상으로 조사한 결과를 지수화한 것으로 주택매매 상황들을 발표하는 주택시장지수입니다. 미국 주거용 부동산 경기를 판단하는 자료로 쓰입니다.

50이 기준선이며 이를 밑돌 경우 주택시장에 대한 부정적 전망을 내놓은 주택건설업자들이 더 많다는 의미입니다. 반대로 50을 웃돌면 긍정적으로 전망한 건설업자들이 많다는 것을 뜻하여 경기회복의 바로미터로 인식됩니다.

특히 향후 주택시장의 추이를 알 수 있는 주택시장지수는 상승하면 신규주택매매 등이 상승하고 하락하면 반대의 경우가 생깁니다. 즉 주택시장지수를 보면 신규주택매매를 알 수 있고 그로 인해 주택시장의 전망을 알 수 있게 되는 것입니다. 이는 GDP의 핵심요소 중 하나인 기업설비투자와 연관이 있는 주택시장의 모습을 알 수 있는 것이고 이로 인해 향후 GDP 향방 역시 어느 정도 예단할 수 있습니다.

S. 자동차판매(Total Vehicle Sales)

미국 내 판매되는 각 회사의 신규 자동차 판매수의 전월 대비 변동률을 의미합니다. 자동차와 같은 고가의 재화를 구입하는 소비자가 증가한다는 것은 소비자들이 향후 경제 상황에 대한 자신감을 시사하고 있기 때문에 긍정적으로 해석되고 이러한 특성에 따라 향후 소비경향을 파악하는 선행지표로써의 역할도 담당합니다.

자동차 산업은 미국 GDP의 많은 부문을 차지해 자동차 산업의 동향만으로 경제 전반에 걸친 건전성을 파악할 수 있을 정도며, 자동차판매는 경기침체가 시작될 때 제일 먼저 감소하는 특성이 있습니다(소비자들은 경제 상황이 여의치 않을 때 가장 먼저 자동차와 주택 같은 큰돈이 들어가는 품목의 구입을 미루거나 취소하기 때문).

T. 소비자 신용(Consumer Credit)

소비자에 대해 신용을 제공하는 것을 말하며 소비자 신용을 담보로 대금 후불 형식으로 상품을 구입하는 것을 말합니다. 소비자 신용을 이용하는 것은 상품 구입 시 경제적 형편이 어려움을 감안해 여유가 있을 때까지 한 번에 지불하지 않고 장래의 어떤 시기까지 지불을 유예할 수 있기 때문입니다.

소비자 신용은 직접금융방식과 간접금융방식이 있으며 직접금융방식은 특정 소비재를 구입할 때 금융기관이 소비자에게 직접대출하는 방식이며 대출금 상환은 할부로 이루어집니다. 간접금융방식은 금융기관이 할부판매를 행한 판매자에게 외상매출채권을 매입함으로써 간접적으로 소비자에게 융자해주는 방식입니다.

미국의 소비자 신용은 상업은행이 대출을 했는지, 시장참여자들이 카드 등 회전신용을 이용했는지를 수치로 설명한 지표입니다. 소비자 신용의 증감은 경제활동에 있어 중요한 요소를 뽑히며 소비자의 심리 상태를 파악하는 데 도움을 줄 수 있습니다.

소비자 신용이 증가할 경우 미래 재무상황을 긍정적으로 인식해 지출 욕구가 강하다는 것으로 해석할 수 있으며, 반대의 경우에는 실업률과 경기 하락 등 불안정한 시기로 인해 소비심리가 억제될 것으로 파악할 수 있습니다. 국가 경제를 위협할 만한 수준의 신용대출 증가세가 지속될 경우에는 민간부채의 부실이 기업과 국가 예산에도 영향을 미칠 수 있음을 시사합니다.

U. 베이지북

미국 중앙은행인 연방준비제도이사회(FRB)가 발표하는 경제동향종합보고서입니다. 연방준비제도이사회 산하의 12개 지역 연방준비은행이 기업인과 경제학자 등 전문가들의 의견과 각 지역경제를 조사, 분석한 것을 모은 책으로 매년 8번 발표되고 있습니다.

표지 색깔이 베이지색이어서 '베이지북'이란 명칭을 얻었는데, 레드북이라 불렸던 것이 1983년 공개발간하고, 금리정책을 결정하는 중요한 기초자료로 사용되면서 베이지북이라 명칭을 변경했습니다.

V. 엠파이어 제조업지수(Empire State Manufacturing Index)

엠파이어 제조업지수(뉴욕 제조업지수)는 2001년 7월 연준 내부문건으로부터 시작되었으며 175개 제조업체의 CEO를 대상으로 한 설문조사를 기반으로 발표합니다. 엠파이어 제조업지수는 다른 지역연준의 보고서들보다 가장 먼저 발표되어, 중앙연준은 엠파이어 제조업지수의 발표 이후 그달의 제조업경기 등을 파악하는 경향이 있는 것으로 알려져 있고 대형 기관들도 이 지표의 중요성을 인식하고 살펴보고 있습니다.

뉴욕이 제조업기반이 약한 편에 속하므로 활용도는 크지 않으나 ISM 제조업지수의 선행지표 역할을 한다고 알려져 있는 필라델피아 연준지수와 밀접한 상관관계를 보입니다. 이 지수 또한 ISM 제조업지수의 선행지표 역할을 하는 것으로 평가되어 있어 눈여겨 보아야 할 지표 중 하나로 꼽히고 있습니다.

2〉 유로존 경제지표의 이해와 분석

A. 유럽중앙은행 금리정책(ECB Press Conference)

유럽중앙은행은 유럽연합(EU) 12개국의 금융정책을 총괄하는 곳입니다. 우리나라로 말하자면 한국은행과 같은 역할을 합니다. 단일 통화인 유로(Euro)의 구매력 유지 및 물가안정을 목적으로 합니다. 유로 가맹국의 재정정책, 외환운용, 외환보유 및 운용, 그리고 결제시스템의 원만한 운용이 그 주된 업무입니다.

금리결정, 인플레이션과 경제에 영향을 미칠 수 있는 여러 시나리오 등과 같이 주요 경제요인들의 세부사항들에 대해 논의합니다. 중앙은행은 실행할 수 있는 통화정책에 관한 힌트를 제공하기 때문에 시장에 영향력이 큽니다.

B. 독일 ZEW 경기기대지수(German ZEW Economic Sentiment)

독일의 유럽경제연구소에서 발표하는 경기전망지수로, 약 350여명의 전문가를 대상으로 유로지역의 향후 경기전망에 대한 조사입니다. 지수는 낙관적이라는 대답의 비율과 비관적이라는 대답의 비율의 차이로 표시되며, 0보다 클 경우 향후 유로지역의 경기를 낙관적으로 예상하는 비율이 비관적으로 예상하는 비율보다 많음을 시사합니다. 독일의 경제연구소인 ZEW(Zentrum fur Europalsche)에서 발표하며, 실제치보다 상향 시 채권시장 약세, 주식시장 강세, 유로화 강세 요인으로 바라봅니다.

C. 독일 IFO 기업동향(German IPO Business Climate)

독일 기업들을 대상으로 향후 6개월 동안 기업의 예상 및 동향에 대한 질의응답으로 구성된 월별 설문조사입니다. 이 지표는 독일 및 유럽 전 지역상황에 대한 상당한 규모의 전통적 기업동향 설문조사로써, 중요도가 높은 지표라서 시장에 큰 변동성을 줍니다.

100을 기준으로, 100을 넘을 경우 기업의 심리가 긍정적임을 나타내며 소비자 지출 및 경제성장으로 인해 경제가 활성화됨을 뜻합니다. 반대로 100 이하를 나타낸 경우 이는 부정적 동향 혹은 경제둔화를 나타냅니다.

D. 독일 최종소비자물가지수 변동률(German Final CPI m/m)

소비자들에 의해서 소비된 재화와 서비스 가격의 변화율을 나타낸 지표로, 발표치가 예상치를 상회할 경우 해당 통화의 강세경향이 큽니다. 15일 간격을 두고 2가지로 발표됩니다. 첫 번째는 예비치고, 두 번째는 최종치입니다. 시장에 큰 영향을 미치는 것은 예비치입니다.

3〉영국경제지표의 이해와 분석

A. 기준금리(BOE Rate Decision)

영국은행은 매달 금융정책을 결정하는 회의를 진행합니다. 금융정책이 결정되는 순간 발표되며 금융시장에 큰 영향을 주고 있습니다. 금리변화는 가계대출, 저당, 채권 그리고 무엇보다 파운드화 환율에 큰 변화를 일으킵니다. 예상치 상회 시 파운드화 가치 상승과 예상치 하회 시 파운드화 가치 하락을 판단할 수 있습니다.

B. 경상수지(Current Account)

모든 상품과 서비스, 소득, 지불되는 통화의 흐름을 이야기합니다. 국제적인 영국경제 흐름을 바라보고 영국의 장기적인 발전과 환율을 예측할 수 있게 해줍니다. 전 분기의 수치에 비해 변화된 수치를 퍼센트로 표시합니다. 예상치 상회 시 파운드화 가치상승과 예상치 하회 시 파운드화 가치하락을 판단할 수 있습니다.

C. 영국 국내총생산(GDP-British Gross Domestic Product)

영국 내에서 가계, 기업, 정부 등 모든 경제주체가 일정기간 동안 생산활동에 참여해 창출한 부가가치 또는 최종 생산물을 시장가격으로 평가한 합계입니다. 국민총생산(GNP)에서 순수출(수출-수입)을 뺀 것입니다. 국내총생산에는 국내에 거주하는 비거주자(외국인)에게 지불되는 소득과 국내 거주자가 외국 용역을 제공함으로써 수취한 소득이 포함됩니다. 예상치 상회 시 파운드화 가치상승 예상과 예상치 하회 시 파운드화 가치하락을 판단할 수 있습니다.

D. 무역수지(Trade Balance)

일정기간의 수출입 거래에 의하여 발생한 영국의 외국과의 대금수불액을 말합니다. 무역수지의 움직임은 장기적으로는 산업의 국가경쟁력을 반영하며, 단기적으로는 경기순환 등을 반영하기 때문에 국제수지 항목 중에서는 가장 중요한 사항입니다. 최근에는 흑자, 적자의 크기가 통화가치에 큰 영향을 주고 있습니다. 예상치 상회 시 파운드화 가치상승 예상과 예상치 하회 시 파운드화 가치하락 예상을 판단할 수 있습니다.

E. 소비자 물가지수(Consumer Price Index)

소비자들이 구입한 특정 상품 및 서비스 바구니의 평균 물가수준을 측정한 것으로, 물가상승률(인플레이션)을 측정하기 위한 척도로 가장 광범위하게 쓰입니다. CPI의 월간 변화는 인플레이션 증감률을 대표합니다. 예상치 상회 시 파운드화 가치하락 예상과 예상치 하회 시 파운드화 가치상승을 예상할 수 있습니다. 수치 증가 시 인플레이션을 조정하기 위한 영국중앙은행(Bank of England)의 금리인상이 예상 될수 있기 때문에 장기적인 파운드 가치상승이 예상됩니다.

F. 생산자 물가지수(Producer Price Index)

매달 실시하는 조사로 영국 내 공장에서 생산되는 상품가격의 변화를 추적합니다. 공장에서 1차 출하가격을 조사하기 때문에 공장도가격 수치라고 할 수 있으며 수치가 상승할 경우 향후 소비자물가 상승이 예상됩니다. 예상치 상회 시 파운드화 가치하락 예상과 예상치 하회 시 파운드화 가치상승을 판단할 수 있습니다.

G. 실업률(Unemployment Rate)

노동할 의사와 능력을 가진 인구 가운데 실업자가 차지하는 비율로, 낮은 실업률은 보다 많은 소득으로 분배되고 많은 소비가 이루어지며 경기가 활성화되는 것입니다. 이는 경제 성장을 이끌지만 높은 인플레이션이 발생할 수도 있습니다. 예상치 상회 시 파운드 가치상승과 예상치 하회 시 파운드 가치하락을 예상할 수 있습니다.

H. 소매판매

영국통계청에서 매월 말 집계하고 약 20일 후 발표하는 지표로, 소매수준의 판매총량의 변화율을 나타낸 지표입니다. 예상치 상회 시 GDP에 긍정적 영향을 줍니다. 전반적인 경제활성화를 파악할 수 있는 소비자들의 소비 성향의 가장 주요한 지표입니다. 이 지표는 광범위한 실질적인 소비자 소비를 알 수 있습니다.

I. 제조업PMI

제조업에 종사하는 구매관리자를 대상으로 한 확산지수로, 구매공급관리자 협회에서 매월 조사 후 다음 달 첫 번째 영업일에 발표합니다. 이 지표는 톰슨 로이터에 약 2분 전 발표되기 때문에 시장이 반응할 수 있습니다. 수치가 50 이상이면 산업 확장을, 50 이하면 위축을 뜻합니다. 구매관리자가 구매량을 늘리느냐 줄이느냐를 파악할 수 있는 기준이기 때문에 기업이 시장상황에 얼마나 빠르게 반응하는지를 알 수 있습니다.

J. PPI 투입 생산자 물가지수

영국통계청에서 매월 조사 후 약 12일 뒤 발표하며 제조업자에게 구매된 원자재와 제품의 가격변화율을 말합니다. 예상치 상회 시 GDP에 긍정적 영향을 끼칩니다. 이 지표는 소비자 물가 상승률의 선행지표입니다.

제조업자가 원자재를 구매할 때 더 많은 비용을 지불한다면 그 증가분은 곧 소비자들에게 전가되기 때문입니다. 이 지표의 중요성이 매우 큰 이유는 지표가 소비자 물가지수 앞에 발표되기 때문입니다.

4〉 일본의 경제지표 이해와 분석

A. 기준금리

일본은행의 재할인율과 금융기관의 확장대출에 적용되는 금리로, 수급균형과 자금수요에 의해 결정됩니다. 기준금리는 보통 환율 거래자들에게 향후 통화정책과 금리결정에 영향을 미치는 주요 경제 요인들을 포함한 경제상황 및 인플레이션에 대한 중앙은행의 시각을 들여다보는 데 사용됩니다.

B. 단칸제조업지수(Tankan Manufacturing Index)

분기마다 발표되는 지수로, 대형 제조업체들을 상대로 조사한 확산지수입니다. 0을 기준으로 위면 상황이 좋은 것으로 판단하고, 아래면 경기상황이 안 좋은 것으로 판단하는 경제의 건전성을 나타내는 선행지표로 사용됩니다. 단칸제조업지수가 증가하면 채권시장 약세, 주식시장 강세, 엔화 강세요인으로 작용하고, 단칸제조업지수가 감소하면 채권시장 강세, 주식시장 약세, 엔화 약세요인으로 해석합니다.

C. 단칸지수

일본은행이 기업을 대상으로 설문조사를 해 분기별로 발표하는 경기전망지수입니다. 경기가 좋다고 답한 기업의 비율에서 나쁘다고 답한 비율을 빼는 방식으로 계산합니다. 이 지수가 마이너스면 경기가 나쁘다고 본 기업이 좋다고 본기업보다 많다는 뜻입니다. 단칸지수는 일본의 기업 체감경기 지수를 일컫는 말입니다. 단칸은 일본은행이 경기 상황과 전망에 대해서 조사 기업들에게 직접 설문 조사하는 '전국 기업 단기경제 관측조사', 즉 단기 관측의 줄임말입니다. 한국의 기업경기 실사지수 BSI와 같다고 생각하면 됩니다.

2. 해외선물의 최적의 매매시간대

해외선물시장은 24시간 운용되므로 타이밍을 선정하는 것이 중요합니다. 모든 시간대를 참여하기에는 불가능하고 즉흥적인 대응 역시 쉽지만은 않습니다. 유동성이 풍부해지는 시간대가 언제이며, 피해야 할 시간대와 기회를 최대한 활용해 적극적으로 대응해야 할 시간대를 알아보겠습니다.

1〉 의미있는 거래시간대

해외선물거래에 앞서 투자자들은 가장 조심해야 하는 시간을 알고 매매에 임해야 합니다. 해외선물은 크게 미국시장의 시작시간과 유럽시장의 시작시간에 맞춰서 급변동하는 경우가 많은데, 특히 미국시장 개장 1시간 전부터 매우 움직임이 심합니다. 이유는 시장에 큰 영향을 주는 각종 경제지표도 이 시간대에 집중되어 있고 또한 달러와 해외선물상품들과의 연관성이 크기 때문입니다.

2〉 썸머타임제로 인한 거래시간대

미국시장과 유럽시장에는 썸머타임이라는 제도가 있습니다. 낮이 길어지는 봄부터 초가을까지 시계바늘을 1시간 앞당겨서 일찍 아침을 시작해 일찍 일을 끝내고 하루를 정리하기 위한 제도입니다.

유럽은 매년 3월 마지막 일요일부터 10월 마지막 일요일까지며, 미국은 3월 두 번째 일요일부터 11월 첫 번째 일요일까지입니다. 썸머타임 적용 시 유럽시장은 우리시간 16시부터 24시 30분까지 시장이 열립니다. 썸머타임이 적용되지 않을 때에 유럽시장은 우리시간 17시부터 01시 30분까지 시장이 열립니다.

썸머타임 적용 시에는 미국시장은 우리시간 22시 30분부터 05시까지 시장이 열립니다. 썸머타임이 적용되지 않을 때에 미국시장은 우리시간 23시 30분부터 06시까지 시장이 열립니다. 여기서 가장 중요한 것은 미국시장의 시작시간입니다. 대부분의 해외선물상품들은 미국시장 시작 1시간 전부터 강하게 급변하는 움직임을 보입니다.

3〉 리스크 관리시간대

리스크가 가장 커지는 시간대는 언제일까요? 간단히 말하자면 썸머타임 적용 시에는 미국시장이 열리는 22시 30분의 1시간 30분 전인 21시부터 조심해야 합니다. 그리고 썸머타임이 끝나면 23시 30분의 1시간 30분 전 22시부터 조심해야 합니다. 해당 시간에 변동성이 크게 확대되는 경향이 크기 때문입니다.

대개 투자자들은 그 시간이 거래가 가장 활발한 시간이기 때문에 그때 매매를 해야 하는 것이 아니냐고 생각할 수 있지만, 그것은 잘못된 생각일 수 있습니다. 그 시간에는 각종 경제지표 발표와 함께 미국시장이 열리기를 기다리던 매수세력과 매도세력들간의 힘겨루기가 진행되는 시간이기 때문에 증시의 움직임은 어디로 튈지 모릅니다. 하지만 변동성을 즐기는 숙련된 투자자들에게는 황금 같은 기회일 수 있습니다. 물론 방향을 잘못 잡은 초보자들에게는 오히려 독이 될 수 있습니다.

그래서 초보투자자들은 그 시간 동안에는 매매를 피하는 것이 좋습니다. 물론 그 시간대에 평범한 움직임이 나올 때도 있지만 급변하는 움직임이 나올 때도 많기 때문에 피해가는 것이 좋습니다. 구체적으로 초보투자자가 피해야 하는 시간은 썸머타임 적용 시에는 21시부터 23시 30분까지는 피하는 것이 좋고, 썸머타임 미적용 시에는 22시부터 24시 30분까지 피하는 것이 좋습니다.

그리고 또 주의를 해야 할 시점은 앞에서 언급한 주요 경제지표 발표시간입니다. 경제지표가 발표되는 시간에는 해당 지표에 영향을 받는 해외선물이 1초 만에 100틱 이상 급변동하는 움직임이 나올 수 있습니다. 따라서 주요 경제지표 일정은 확인하고 그 시간대에는 투자를 잠시 피하는 것이 바람직합니다.

3. 가디언 가격시스템

1〉 가디언이란?

가격의 원리로 장중 상승추세대의 가격과 하락추세대의 가격을 과학적이고 수학적으로 나타낸 것입니다. 대내·외적인 호재와 악재 등에 전혀 영향을 받지 않으며, 쿠르드오일, 유로FX, 골드의 3가지 상품매매의 승률을 높여주는 시스템입니다.

2> 왜 가디언인가?

　시장에는 수많은 해외선물차트가 많습니다. 각종 해외선물차트의 연구를 통해 어떤 비법을 찾아내려는 해외선물트레이더가 넘쳐나고 있지만 차트로 모든 상황에 맞는 해외선물거래기법을 완성하는 것은 불가능합니다. 해외선물차트의 움직임에 정형화된 공식이나 정답이 있을 수 없기 때문입니다.

　하지만 과학적이고 수학적으로 풀어낸 가디언은 상방추세와 하방추세에서 시장의 방향성이 정확히 이루어짐과 동시에 강한 것과 약한 것, 급한 것과 느린 것, 힘을 비축하는 것과 힘을 소진하는 것 등 다양한 특성을 한눈에 가격을 통해 확인하며 비추세 구간이 수치화되어 해외선물의 향후 움직임에 효과적으로 대응되고 있음이 수익으로 매일 증명되고 있습니다.

　해외선물거래를 통해 수익을 내기 위해서는 가격의 움직임을 통해 방향성과 타이밍으로 진입하는 것과 각각의 상품가격들의 변화를 통해 가격을 예측하는 것을 해외선물트레이더들은 파악해야 될 것입니다.

3〉 가디언 가격의 생성원리

국내선물·옵션 투자자라면 마디가(마디가격)를 들어봤을 것입니다. '마디가'는 말 그대로 대나무 마디의 그것과 같습니다. 대나무 줄기가 길게 뻗어나는 도중에 돌기가 생깁니다. 그 돌기는 대나무의 도드라진 특성입니다. 해외선물의 상품별 가격흐름 중 특별히 도드라진 가격이 마디가입니다. 다른 가격에 비해 자주 출몰하면서 시세가 도드라집니다.

이 가격만 오면 매수 혹은 매도세가 멈추거나 반등합니다. 기술적분석의 지지대와 저항대와 유사합니다. 기술적분석에서 얘기하는 지지·저항대가 마디가로 표시됩니다. '마디가를 잘 찾아보면 어디서 변곡이 생기고 시세가 나올지 예측할수 있겠네'라고 생각하시는 분이 있다면 으쓱하셔도 좋습니다. 상위 5%에 속하는 성공 매매자가 될 가능성이 있는 투자자입니다.

하지만 너무 앞서가지는 말았으면 좋겠습니다. 마디가를 쉽게 찾을 수 있다면 이미 마디가가 중요하지 않게 됩니다. 가격의 패턴은 변합니다. 그 변화까지 인지해야 진정한 마디가라고 할 수 있습니다. 그럼 그 마디가가 생기는 원리와 찾아내는 방법을 살펴보겠습니다.

마디가는 단기추세, 중기추세, 장기추세의 마디가격으로 나눠지며. 투자자들이 차트를 열고 장중 매매를 하는 경우 지지 혹은 저항선이 없는 것 같음에도 불구하고 하락 시 지지선이 형성되며 강한 반등을 하는 경우가 있습니다.

반대로 상승장에서 저항대가 없는데, 강한 하락세로 바뀌는 경우도 마찬가지입니다. 해외선물 마디가격을 통해 시장에 대응하기 위해서는 마디가의 원리에 대해 알아볼 필요가 있습니다. 수학적으로 풀어낸 해외선물 추세잡기를 통해 통계적으로 풀어 시장의 추세와 방향성을 읽어가며 시장대응전략을 세워 활용됩니다.

[피보나치 수열의 예시]

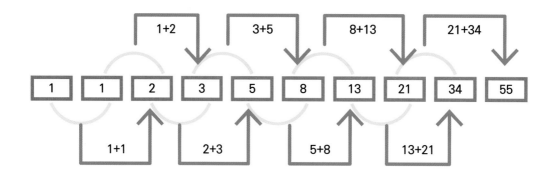

    국내선물시장과 해외선물시장에서 상승과 하락에는 많은 요인들이 있습니다. 가격의 변동성에는 규칙성을 찾기란 매우 어렵고 힘든 일입니다. 하지만 피보나치 수열과 엘리어트 파동이론에는 일정한 변동 속에 규칙이 있다고 판단합니다. 2, 3, 5, 8, 13, 21, 34, 55, 89, 144, 233, 377, 610, 987...을 피보나치 수열이라고 합니다. 이 수열의 특징은 2=1+1, 3=1+2 , 5=2+3처럼 3항 이상의 수는 바로 전 두 항의 합이란 점입니다. 두 수를 더해 다음 수가 되는 구조로 배열된 수의 배열을 피보나치 수열이라 부릅니다.

    한편 피보나치 수열의 또 다른 신기한 점은 앞 항으로 다음 항을 나누면 1÷1=1, 2÷1=2, 3÷2=1.5, 5÷3=1.666, 13÷8=1.625, 21÷13=1.615, 34÷21=1.619, 144÷89=1.618, 거의 1.618에 가깝습니다.

    바로 1.618이 오늘날 파생시장에서 알고 있는 황금비율이 됩니다. 이것이 바로 "작은 부분이 큰 부분에 대해 가지는 비율은 큰 부분이 전체에 대해 갖는 비율과 일치한다"는 피보나치의 공식이 만들어지는 것입니다

    인간의 시각에서 볼 때 황금비율을 응용해 만든 물건, 건축물 등은 다른 비율을 사용해 만든 것에 비해 가장 안정적으로 느껴지고, 꽃잎 속에서도 황금비율을 발견할 수 있으며, 우리가 느끼는 아름다운 화음에서도 이 비율이 적용된다고 합니다.

우리 생활에서 이를 이용한 상품들이 널리 사용되고 있습니다. 예를 들어 액자, 창문, 신용카드, 십자가 등 가로 세로 비율 등에 황금비율을 적용합니다. 또한 균형 잡힌 인간에게서 배꼽 위쪽과 아래쪽 비율이 황금비율일 경우 가장 이상적이고 아름다운 비율이라고 할 수 있다고 합니다. 황금비율은 자연세계에서도 흔히 볼 수 있는데, 나뭇잎의 줄기, 나이테, 여러 가지 식물들의 자태 등이 황금비율을 갖고 있다는 뜻이기도 합니다.

해바라기 씨앗은 독특한 방식으로 피보나치 수열을 이루고 있습니다. 여기에서 씨앗은 다른 방향의 나선을 형성하고 있는데(21과 34는 피보나치 수열에서 서로 이웃하는 숫자이다. 12÷34=0.618) 이보다 더 큰잎의 해바라기의 경우도 마찬가지로 피보나치 수열의 값을 이루며 중간에 밀집되거나 가장자리 부분에 어김없이 균일하게 씨앗이 배열되어 있음을 알 수 있습니다.

그럼 이 비율이 금융상품에 적용되는 이유가 무엇일까요? 바로 주가의 움직임이 이 흐름에 맞추어 움직이는 경우가 많다는 사실입니다. 다음 자료를 살펴보겠습니다.

해외선물은 국내선물·옵션과 달리 변동성이 큽니다. 추세는 3%, 5%를 각각 마디가로 설정해 접근합니다. 피보나치 수열을 적용시킨 것입니다. 필자의 수많은 실전 경험으로 국내파생시장 및 해외선물시장에 적합한 수치를 발견한 것입니다.

필자의 가디언 시스템 또한 피보나치 수열을 조금 더 복잡한 공식을 가지고 움직이고 있으나 투자자들이 피보나치 수열을 설정해서 매매에 적용시켜도 큰 무리는 없습니다.

[피보나치 수열의 3% 적용 매매법을 구현한 차트]

2015년 10월 1일 크루드오일 18시 이후의 시세를 피보나치 수열의 기본 3%를 적용시켜 실전에 대응한 가격입니다. 18시 이후 저점 45.70달러에서 출발한 크루드오일은 3% 가격을 적용시켜 매수전략으로 대응했을 경우 47.07달러의 가격이 형성됩니다.

그럼 47.07달러에 근접하면 매수청산과 함께 매도스위칭 전략을 세워볼 수 있습니다. 변동성이 큰 크루드오일의 경우 고점 3%선을 완성하고 상승폭을 그대로 반납하며 고점 대비 3%선인 45.70가 저항이 되며 추가하락세가 이어지는 패턴입니다.

이처럼 차트에서 이동평균선이나 보조지표들이 설명하지 못하는 현상을 가격이론에서 손쉽게 마디가를 통해 대응전략을 수립할 수 있습니다. 글로벌 마켓 시장에서 움직이는 해외선물일 경우 대형 헤지펀드나 자산운용사의 자금은 수익목표와 손실목표를 설정하며 운용됩니다. 무작위적인 운용목표가 아닌 가격을 기준으로 목표가 설정되며 이 가격목표를 위해 운용을 하다 보면 특정가격이 우리에게 노출되는 것입니다. 즉 이들의 공통된 목표가격이 우리의 좋은 먹이가 되는 것입니다.

이 사례는 기술적분석으로는 지지와 저항대가 없는 구간인데, 가디언 가격이론에서는 설명할 수 있는 내용입니다. 간단한 수학적 계산을 통해 구할 수 있습니다. 이 기준을 매매에 적용한다면 보다 명확한 목표가 설정할 수 있고, 추세를 이용한 매매와 작은 되돌림, 포지션을 유지 혹은 청산해야 하는 이유에 대한 정확한 기준근거로 활용할 수 있습니다. 또한 중요가격이 아닌 곳에서는 매매를 하지 않게 되므로 잦은 매매 혹은 기준없는 뇌동매매를 하지 않아 자신의 소중한 자산을 지킬 수 있는 좋은 기준이 됩니다.

4〉 마디가격의 시작은 DDE로 쉽게

DDE란 Dynamic Date EXchang의 줄임말로 '동적데이터 교환'이라고 합니다. 윈도우 응용프로그램인 엑셀과 증권사 HTS가 서로 연동되어 해외선물상품의 실시간 가격을 데이터로 연결해 엑셀을 통해 실시간으로 한눈에 알아볼 수 있는 시스템입니다.

엑셀 프로그램을 다룰 수 있는 투자자라면 함수식이나 기능서식 등을 이용해 간단하게 만들 수 있습니다. 이를 통해 중요한 가격이나 구간을 색상이나 글자체를 이용해 표현할 수 있어 시각적으로 쉽게 이해할 수 있는 나만의 화면을 구성할 수 있습니다.

5〉 가디언 매뉴얼

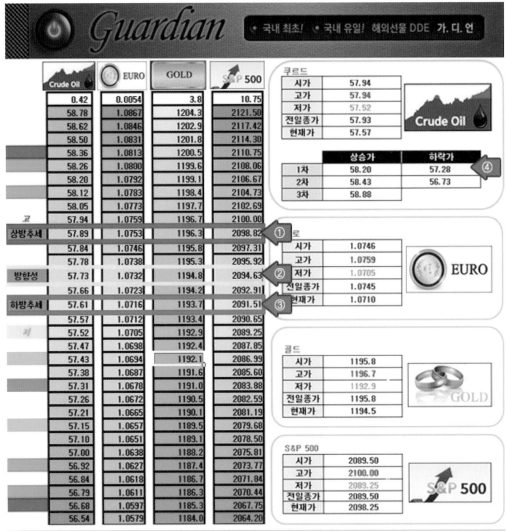

Guardian manual -

① 1번 색상의 중요가격의 지지와 저항에 따라 완전히 상승 포지션으로 접어들었는지를 판단하는 기준 가격

② 2번 색상의 중요가격은 지지와 저항에 따라 방향을 먼저 결정해주는 기준 가격

③ 3번 색상의 중요가격은 지지와 저항에 따라 완전히 하방포지션으로 접어들었는지를 판단하는 기준 가격

④ 4번 가격은 장중 상승하면 상승 1차/2차/3차 청산가격으로 추세 포지션을 홀딩할 수 있는 가격 청산 자리
　　(하락가 또한 1차 청산가와 2차 청산가)

금융전사 전문가 해외선물DDE 가디언 연동방법

· 증권사 : 하나대투증권
· DDE 연동 문의 : (02) 6389-3123

① 하나대투증권HTS 접속하기

하나대투증권 파생전용 HTS 다운로드
→ 바탕화면에 아이콘 생성

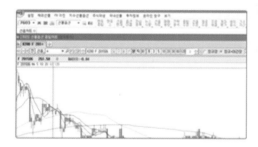

위 아이콘을 클릭하여 HTS 로그인 및 접속
→ 그림과 같은 화면이 구성됨

② 엑셀시세연계 하기

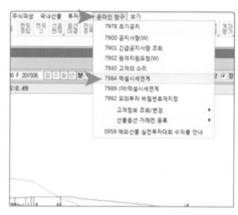

화면 우측 상단의 온라인 창구 → 엑셀시세연계를
순서대로 클릭

③ 가디언DDE 연결준비 완료

엑셀시세연계 클릭 → 위 팝업창 생성
※이 팝업창과 HTS는 절대 닫지마세요!

④ 리얼스탁(www.realstock.co.kr) 접속하기

리얼스탁(www.realstock.co.kr) 접속 → 로그인

⑤ 금융전사 카페 들어가기

리얼스탁 로그인 → 금융전사 해외선물 클릭
→ 카페 입장 완료

⑥ 가디언 프로그램 다운로드-1

좌측 게시판 중
가디언&정회원필독
게시판 클릭

게시물 중
해당 일자 클릭

⑦ 가디언 프로그램 다운로드-2

첨부파일 클릭 → 다운로드 후 반드시 압축풀기!

압축을 푼 가디언 프로그램 더블클릭 시
위 화면 생성 → 엑셀 중앙 위쪽의 옵션 박스 클릭

⑧ 해외선물 DDE 가디언 연동 완료

옵션 박스 클릭 → 보안경고 팝업창 생성
'이 콘텐츠 사용'의 체크 박스에 체크하신 후
'확인' 버튼을 누르시면 가디언 프로그램 실행

금융전사 전문가 해외선물 DDE 가디언 연동 완료!

● 가디언 프로그램 실행 시 오류/오작동의 경우
　리얼스탁 ☎ (02)6389-3213으로 전화주시면
　원격으로 신속하게 처리해드립니다.

4. 실전 크루드오일 매매법

　해외선물 중 가장 많은 거래량을 보이고 있는 상품입니다. 국내에서는 EURO FX 통화상품이 원래는 가장 많은 거래가 있었으나 최근 들어 크루드오일상품이 변동성을 크게 확대하며 개인투자자들에게 가장 각광을 받는 상품으로 인정되고 있습니다.

　크루드오일은 국제원유가격을 결정하는 기준으로, 타 거래소(ICE)에서도 거래되지만, CME거래소의 상품의 유동성이 가장 활발합니다. 크루드오일은 매월물이 상장되어 있고 거래시간은 우리 시간으로 아침 7시부터 다음날 아침 6시 15분까지(썸머타임 적용)입니다.

　크루드오일에 비해 상대적으로 통화나 금리, 지수상품 모두 작년보다는 거래량이 줄고 있는 상품입니다. 미국의 양적완화라는 큰 이벤트가 마감되고 금리인상론이 제시되면서 그에 따른 상품들의 달러화 영향이 어느 정도 예상에 맞춰 움직이고 있기 때문입니다.

국내에서는 유로FX상품이 전통적으로 가장 개인들이 선호하는 상품이었으나, 유럽의 경제위기와 함께 달러강세 현상으로 변동성이 낮아지고 장기하락추세를 보이고 있어 거래량이 지속적으로 감소하고 있습니다. 이와는 반대로 크루드오일은 OPEC의 공급과잉 이슈와 달러강세현상 및 중국을 비롯한 세계경기침체 우려 등으로 한때 배럴당 $100이었던 가격이 현재 $50~60으로 절반 가까운 하락을 보이고 있는 상태입니다.

통화선물과는 다르게 크루드오일이 속해 있는 상품선물 중 에너지선물은 일일변동성이 크고 추세가 한번 정해지면 무서울 정도로 한 방향으로 가는 성격을 지녀 많은 개인들이 선호하는 상품이 되었습니다. 그래서 작년부터 유로FX상품을 제치고 크루드오일이 개인 거래량 1위의 해외선물상품이 되었습니다.

1〉 크루드오일 매매 시 체크해야 할 사항

가격결정의 가장 큰 요소는 수요와 공급측면에서 유가재고지표입니다. 지표가 발표되는 우리시간 22시부터 새벽 04시까지 거래가 활발합니다. 기타 지정학적 리스크로 인한 이슈 및 중요경제지표를 체크하면 됩니다. 매우 큰 변동성으로 인해 여타 상품에 비해 이익의 극대화 또는 손실확대의 가능성이 큰 상품입니다.

크루드오일은 정부에서 발표되는 주간 원유재고지표가 우리시간으로 매주 수요일 23시 30분에, 민간기업 API에서 발표되는 재고지표는 우리시간 매주 수요일 05시 30분에 발표됩니다. 수요와 공급에 따른 가격변동이 이 시간대에 가장 크게 나타납니다. 5분만에 50~100틱 정도는 쉽게 움직이기 때문에 1계약만 포지션을 보유해도 50만 원에서 100만 원을 쉽게 벌 수도, 잃을 수도 있습니다. 또한 지정학적 리스크에 대한 영향이 크기 때문에 국내에서는 즉시 접할 수 없는 정보로 인해 항상 리스크 관리와 포지션 관리를 병행해야 합니다.

크루드오일은 영향을 주는 요소가 너무 많고, 생활에 너무나 밀접하게 연관이 되어 있는 상품입니다. 현재의 하락추세는 어느 정도 진정된 상태이나 전 세계적으로 공급과잉 이슈와 경기침체 우려 등이 아직은 남아 있고 지정학적 이슈가 언제 다시 이슈화될지 모르기 때문에 철저한 원칙을 세워 매매해야 할 것입니다.

2〉 크루드오일의 특성과 변동성

A. 크루드오일의 특성

◇ 가장 큰 장점은 추세가 상당히 안정적이며 원웨이가 자주 출현하기 때문에 일반 투자자들이 좋아합니다. 하지만 최근에는 가격의 변동성이 커지고 불규칙적인 움직임을 보이면서 개인투자자들이 상대적으로 고전을 면치 못하고 있습니다.

◇ 원웨이가 강하다는 장점 때문에 물타기가 사실상 불가능합니다. 진입이 잘못되었을 때 손절을 하고 재진입을 하는 것이 리스크를 줄이고, 수익을 전환하는 데 훨씬 효과적입니다.

◇ 우리시간 기준 오전장은 변동성이 저녁에 비해 상대적으로 약한 편입니다. 거래량도 적고 추세도 약한 것이 일반적입니다. 다만 강한 이슈를 동반 시 오전부터 활발하게 움직일 수 있으니 주의해야 합니다. 오후 4시부터 거래량이 증가하면서 점진적인 방향성이 눈에 띕니다. 22시부터 새벽 01시까지는 미국증시의 영향과 미국의 경제지표 등의 영향으로 변동성이 강해지기 때문에 이때 편승해 수익을 극대화하는 전략을 세워야 합니다.

◇ 새벽 3시에 강한 변곡점이 자주 발생을 합니다. 그래서 낮에 실패했거나 거래를 하지 못했다면 참고 참았다가 새벽 3시에 매매를 하는 것도 좋은 방법 중 하나입니다.

B. 시간과 진폭

가격을 핵심으로 하고 모든 시세는 가격폭과 시간이라는 두 가지 요건을 활용해 매매에 접근해야 합니다. 기술적분석의 후행성을 가격의 흐름과 시간의 흐름을 관찰하면서 극복해야 한다는 게 중요한 목적입니다.

시간과 진폭을 통해, 크루드오일상품의 등락을 시간단위로 표시해 시세의 습성과 주변 변수 등을 다각적으로 분석해 파동의 끝점이 어디쯤일 것이며 어느 시간대에 상승 혹은 하락 전환할지의 변환점을 분석하면서 매매를 해야 합니다. 물론 시간과 진폭이 100%라고 단언할 수는 없지만 톱니바퀴처럼 딱 맞아 떨어질 때는 신비감까지 줄 수도 있습니다.

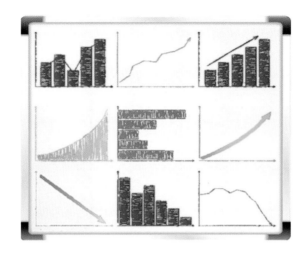

시간과 진폭을 가디언을 통해 추세의 변곡점과 파동을 알 수 있는 것처럼 시간대별로 수많은 노력과 시행착오를 거쳐야 완성되기 때문에 기초학습을 중요시 해야 하고 높은 수준까지 단계별로 배우고 익혀 나가야 할 것입니다. 손쉽게 배워서 바로 활용할 수 있는 대단한 비법이란 해외선물에는 없습니다. 제대로 익히고 많은 경험을 쌓는다면 여러분도 성공투자자가 될 것입니다.

해외선물에서도 시간이 가장 중요하고 가격은 시간에 의해 좌우됩니다. 투자자들의 가장 많은 초점은 가격입니다. 가격이 시간에 의해 형성되었다 하더라도 현실적으로 눈에 보이는 것은 가격이기 때문에 많은 개인투자자는 스스로 분석하는 일에 익숙하지 않고 누군가 알려주는 시점에만 민감한 경우가 많기 때문에 더욱 가격이 중요하다고 생각할 수 있습니다.

[시간과 진폭]

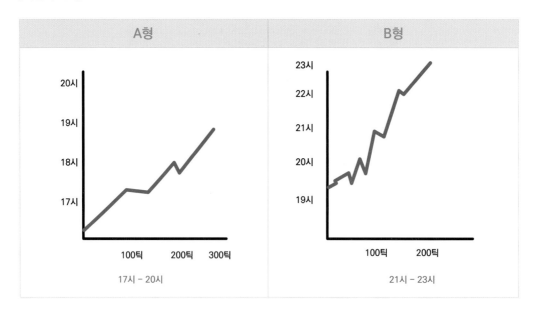

자료에서 시간에 따라 진폭의 개념이 틀려지는 차이가 확연히 드러나고 있습니다. 에너지상품의 특성상 이벤트에 민감하므로 시간에 따라 진폭의 흐름이 다를 때가 많습니다.

A형을 보면 오후 17시 이후부터 파동이 시작되면서 20~21시에 파동의 진폭이 완성될 때의 예입니다. 미리 시작하는 시간과 가격의 진폭으로 그 시간대의 가디언 가격에서 제시하는 방향성과 호가창의 빠른 흐름을 체크하면 그 시간대의 구간진폭의 흐름을 읽어낼 수 있습니다. 하루평균진폭을 200~250틱으로 책정하면서 파동의 끝을 체크하면 휩소에 휘말리지 않고 추세를 추종하면서 포지션을 유지할 수 있습니다.

B형은 가장 평균화된 시간과 진폭으로 움직이는 도표입니다. 17~19시까지의 진폭이 40~70틱 내외의 진폭으로 움직이다가 이후 시간대에 접어들수록 추가적인 진폭으로 100틱 내외의 진폭을 완성시키면서 21시 30분과 23시 30분 사이에 150틱~250틱 평균 진폭의 파동이 완성시키는 가장 평균화되면서 보편적인 시간과 진폭을 표시한 것입니다. A형과 다른 점은 시간에 순응하면서 호가의 안정적인 움직임으로 진폭 또한 시간에 의해 움직인다는 파동의 끝을 보여주는 것입니다.

[평균진폭 이상 400틱 내외의 진폭]

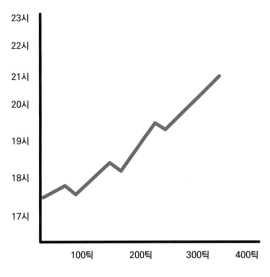

이른시간 진폭 350-400틱

    자료는 평균진폭 이상인 400틱 내외의 시간과 진폭의 관계를 설명하고자 하는 도표입니다. 2015년도 상반기에 하락세가 둔화되면서 400틱 내외의 진폭이 빈번하게 나오고 있습니다. 시장의 변동성이 커지고 있는 것입니다. 보통의 시간개념으로 17시 이후부터 A형과 같이 움직임을 보이다, 평균진폭 200~250틱을 넘어서 400틱 전후의 진폭을 완성할 때가 종종 있습니다. 이런 구간에서는 추격매수보다 반대로 400틱 변곡점을 기준으로 매도를 노려보는 전략이 오히려 리스크 관리가 되면서 수익을 올릴 수 있습니다.

[400틱 진폭 후 급락]

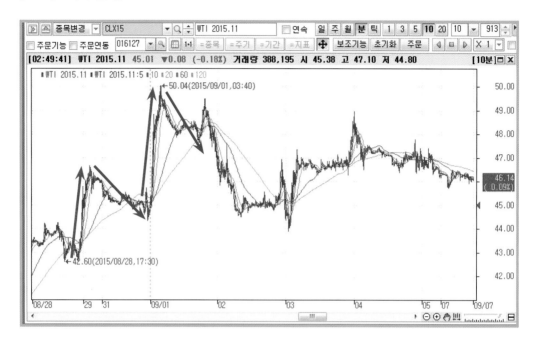

　차트는 자주 나타나지 않는 진폭입니다. 호재와 악재에 의해 민감해진 구간으로, 한번 추세가 시작되면 400틱 내외의 진폭을 완성합니다. 이때 가장 중요하게 체크할 점은 400틱 내외에서는 매도전략을 한번쯤 고려해야 한다는 것입니다. 고점 대비 눌림목이 바로 100틱 내외의 폭이므로 무시못할 수익구간입니다.

　크루드오일상품에서는 경제지표와 대외적인 이벤트의 영향으로 인한 급변동이 자주 일어납니다. 150~250틱의 평균진폭 후 추가적인 상승라인이 그려진다면 1차적으로 250틱 진폭 정도의 조정파를 미리 예측해볼 수 있습니다.

[250틱 평균 진폭 완성 후의 변동성]

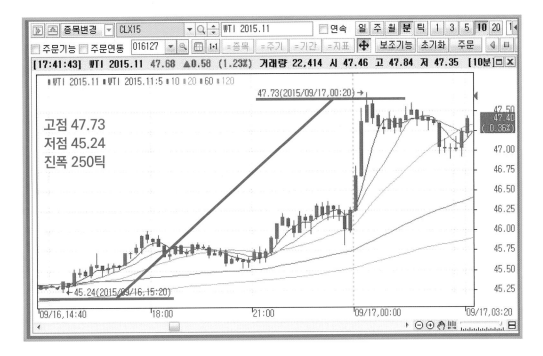

차트를 보면 저점 45.24, 고점 47.73, 진폭 250틱 완성 후 눌림목이 50틱 내외에서 형성되어 추가수익을 낼 수 있는 구조가 만들어진다는 것을 확인할 수 있습니다. 해외선물을 접근하는 방식은 다양합니다. 하지만 시간과 진폭으로 시장에 접근하는 방식을 익혀간다면 리스크를 줄이면서 수익률을 극대화할 수 있는 전략이 완성될 것입니다.

[16:00 ~ 20:00 사이 진폭 100틱 내외의 변동성]

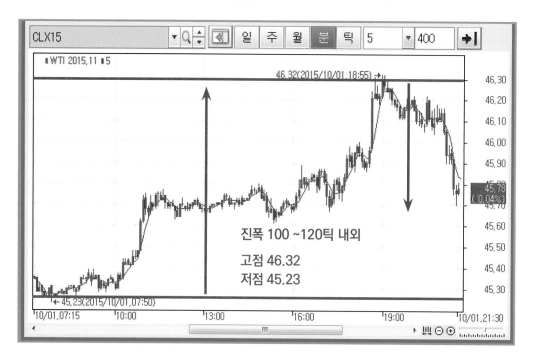

해외선물은 장중 해외 호재와 악재에 의해 시간과는 관계없이 민감하게 반응할 때가 많습니다. 필자는 시장상황에 따라 움직이는 시간이 중요하고 다음으로 가격움직임이 중요하다는 것을 파악했습니다. 아시아 증시가 마감하고 유럽시장이 개장하는 시간대인 오후 16~20시 사이에 크루드오일은 100~120틱 진폭이 노출될 때가 많습니다.

이런 경우 상승하면 더 상승할 것 같고 하락하면 더 하락할 것 같지만 항상 일정한 진폭 속에서 시장은 가는 방향에서 속도를 줄이며 오히려 역방향으로 가속도를 내는 경우가 많습니다. 차트에 구체적으로 설명이 되어 있습니다. 어떤 상품에 투자하든 항상 시간과 진폭에서 특징이 있다는 것을 명심하시기 바랍니다.

C. 이벤트 드리븐 전략

해외선물투자에서 힘든 부분이 정보의 수집입니다. 국내파생상품은 투자자 동향 등 여러 가지 정보를 쉽게 얻을 수 있지만, 해외선물투자에서는 그런 눈에 보이는 정보도 큰 도움이 되지는 않습니다. 해외선물투자는 전 세계에 상장된 거래소 상품을 거래하다 보니 정보가 부족하고 차트에 의존하면서 거래하는 투자자들이 많은 게 현실입니다.

각종이벤트(경제지표)로 인한 가격변동과정에서 수익을 창출할 수 있는 기회를 포착하는 전략이 이벤트 드리븐 전략이라고 합니다. 국내에서 외부변수로 접할 수 있는 게 바로 미국, 유럽에서 발표하는 경제지표입니다. 경제지표는 한 주간의 경제지표발표 일정이 미리 정해져 있기 때문에 그 시간대에 경제지표 결과에 따라 시장에 영향을 받습니다. 경제지표의 중요도에 따라 시장의 파급효과가 크다고 볼 수 있습니다. 그럼 지금부터 이벤트 드리븐 전략으로 경제시표 발표가 시장의 어떤 파급효과를 주었는지 체크해보겠습니다.

[유가재고지표 발표 이후의 크루드오일의 차트]

　2015년 4월 15일 수요일 23시 30분, 미 에너지 정보청이 발표한 지난주 원유재고는 130만 배럴 증가라 발표를 했는데, 시장의 예상치인 350만 배럴 증가와는 큰 격차를 보이면서 유가 상승을 촉발시키는 계기가 되었습니다.

[FOMC 회의결과 앨런의장 발언 이후 변동성]

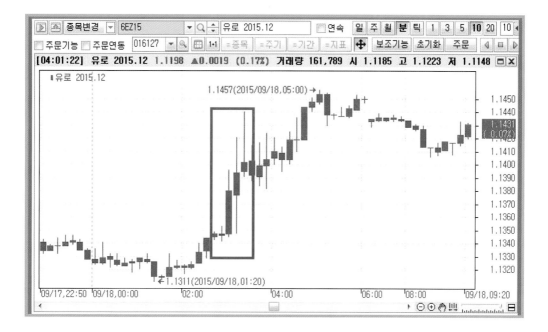

2015년 9월 18일 새벽 03:00시 연방준비제도 회의결과 유연성확보 차원에서 인내심이라는 단어를 삭제했으나 경제지표에 의존한 통화정책 가능성을 확인하는 등 비둘기파적 모습을 보여 유로화 상승에 견인차 역할을 했습니다.

이렇게 해외선물투자에서 경제지표의 발표는 새로운 추세의 전환일 가능성이 높습니다. 중요 경제지표는 변동성을 크게 확장하는 경우가 많습니다. 항상 중요한 경제지표 일정을 매일 확인하고 이벤트 드리븐 전략에 편승해서 공격적으로 투자하는 기법을 연마해야 합니다.

3> 중심론과 기준론을 활용하라

　중심론이란 당일 중심값과 전일 중심값을 말하는데, 전일고가와 전일저가, 당일고가와 당일저가의 50% 중심을 뜻합니다. 전일고가와 전일저가의 중심값이 더 중요합니다. 추세를 추종하는 매매 기법으로, 중심선을 돌파하고 지지 시 매수전략을, 중심선이 붕괴되고 저항 시 매도전략으로 임하는 방법입니다. 수많은 기술적분석을 무시하고 아주 단순한 기법이라 말할 수 있습니다. 잦은매매를 근절할 수 있고 에너지로 인한 방향성 매매로 중심값을 책정해 진입하는 원리입니다.

[중심값 매매기법 실전 예시]

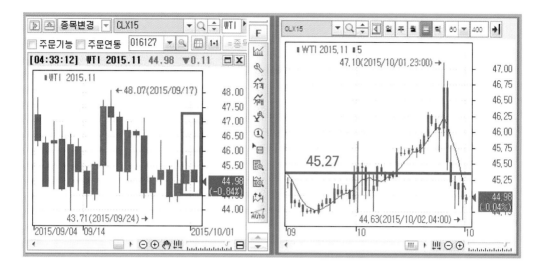

　2015년 10월 1일 오일상품의 일봉차트와 60분봉차트입니다. 네모박스의 첫 번째 캔들의 고가 45.85와 저가 44.68의 중심값을 구하면 45.27이 중심값입니다. 다음 날 10월 1일의 매매기준으로 활용하면 됩니다. 중심값으로 추세의 방향으로 대응하면서 저가 대비 올라오는 각도가 시간과 진폭을 겸해서 120~130틱 내외의 진폭으로 전일 중심값을 저항대로 매도대응할 수 있는 전략이 만들어집니다.

　보통 캔들의 중심값을 기준으로 지지와 저항이 형성되는 형태를 띠고 있으므로 중심값 하나만 체크해도 충분히 수익을 낼 수 있습니다. 다음 차트로 한 번 더 살펴보시죠.

[2015년 10월 1일의 중심 변동성]

고가 46.31와 저가 45.23의 중심은 45.77입니다. 46.31 고가를 확인하고 내려오는 가격흐름 속에 중심 45.77달러대의 지지를 확인할 수 있습니다. 이때 붕괴 후 저항이 확인되면 매도포지션을 유지하면서 홀딩이 가능한 구간입니다. 상승·하락파동을 단순화시켜서 중심축의 가격대가 지지와 저항을 만드는지 체크하면서 매매의 방향성을 결정하는 전략입니다.

일정한 가격을 가지고 변한다는 가정을 기초로 추세의 형성가격을 전일고가, 전일저가, 전일종가를 합해 3으로 나눈 가격을 기준선으로 설정한 것입니다. 당일시가도 표시하고 당일고가와 당일저가의 중심을 선으로 나타내었습니다. 해외선물은 24시간 개장합니다. 당일시가선이 전일기준선보다 위에 있다면 전일기준선이 지지가 되고 당일시가선이 전일기준선보다 아래에 있으면 전일기준선은 저항선이 됩니다.

당일중심선은 지지와 저항으로 힘의 에너지를 체크할 수 있습니다. 해외선물 역시 상품에 관계없이 방향과 추세를 먼저 체크하고 시장에 대응하는 것이 전제조건이 됩니다. 기준선 아래에서 시가가 형성되고 중심선이 다시 그 아래일 때는 당일 매도로 대응하며, 기준선 아래에서 시가가 형성되고 중심선이 시가 위에서 형성될 때는 그 범위 안에서 박스권으로 보고 대응해야 합니다. 기준선과 당일시가, 중심선을 놓고 추세가 크게 형성되지 않는 패턴이 만들어지면 중심선으로 주가는 다시 되돌림현상이 나타나는 것이 대부분입니다.

4) 가디언 가격의 실전 적용

기술적분석에 따른 보조지표 등을 설정할 필요 없이 가디언 가격만 알아도 충분히 거래할 수 있으며 추세와 방향까지 한눈에 볼 수 있습니다. 가디언 시스템의 기본원리는 가격의 원리로 만들어졌기 때문에 추세를 추종하는 매매패턴이라고 말할 수 있으며 해외선물에 적합한 나만의 매매존이라 할 수 있습니다.

[가디언에 입각한 실전 추세]

2015년 4월 21일 크루드오일 차트과 실시간 가디언 가격DDE입니다. 가디언 가격 DDE를 먼저 체크하면 상방추세 57.90, 방향성57.77, 하방추세57.66으로 미리 실시간으로 지지와 저항의 가격을 자동으로 제공해줍니다. 먼저 방향성라인과 하방추세라인 사이에 현재 캔들이 위치하고 있다면 일단은 하방추세라인을 붕괴시킬 수 있는 확률이 커져가고 있다고 대응전략을 미리 수립하고 57.75~77대 사이에서는 매도대응을 해야 합니다.

하방추세라인 57.66 붕괴후 저항 시 추가매도로 대응하면서 추세를 추종하는 전략이 가능하다는 것이 가디언 가격의 원리입니다. 자! 그럼 투자자들은 가디언 가격시스템에서 제공한 가격대로 57.75-77라인에서의 매도대응과 57.66 하방추세라인의 붕괴로 인한 추가매도전략을 구사했다면 어떤 시너지 효과가 나타나는지 다음 자료를 보고 체크하겠습니다.

[방향성라인의 저항과 하방추세라인 붕괴로 인한 추세추종]

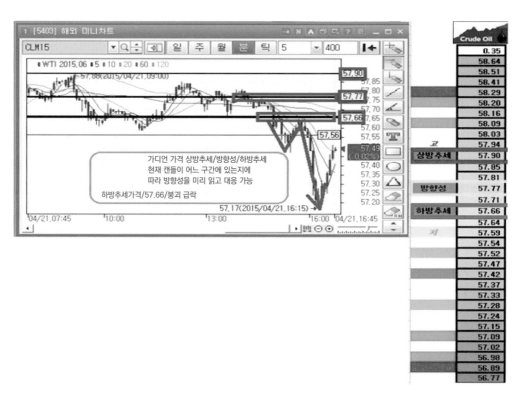

기술적분석으로는 대응할 수 없는 구간에서도 가디언 가격에서 제시하는 상방추세라인, 방향성라인, 하방추세라인의 돌파와 붕괴에 따라 추세추종매매가 가능합니다. 방향성라인 57.77, 하락추세라인 57.66에서 머물러 있던 캔들은 57.66 붕괴로 인한 급락파가 진행되었다는 것을 확인할 수 있습니다. 시간론과 가격론과 파동론에 입각한 가디언 가격은 해외선물매매에서 기술적분석으로 이해가 안 되는 구조까지 설명할 수 있는 근거가 됩니다.

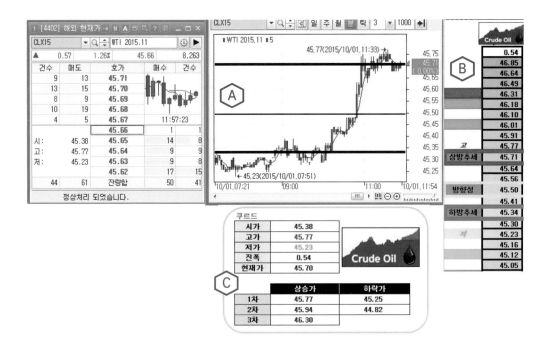

　　2015년 10월 1일 크루드 오일가격이 어디까지 상승할 수 있을까? 실시간 가디언 가격 DDE시스템을 통해 체크해보겠습니다. 자료를 보면 A, B, C로 나눠져 있습니다.

　　차트 A를 보면 상방추세를 유지하고 있지만 언제 청산을 해야 할까? 고민할 수밖에 없는 순간이 다가오고 있습니다. 하지만 표 C를 보면 상승가, 하락가로 나눠져 있습니다. 상승했을 경우 어디까지 상승할 것인지를 미리 실시간 가격을 제시해서 계속 홀딩할 수 있는 전략을 만들 수 있으며 하락가는 매도홀딩할 경우 어디까지 하락포지션을 유지할 것인가를 가디언 가격DDE시스템에서 미리 설정되어 있습니다.

　　차트 A를 보면 고점 45.77달러를 확인하고 눌림이 들어오는 모습을 확인할 수 있습니다. 표 C를 보면 상승가 2차 45.94와 상승가 3차 46.30가 미리 실시간 설정되어 있습니다. 다음 자료를 보면 목표가가 설정되어 있는 대로 가격진행이 되었는지 체크할 수 있습니다.

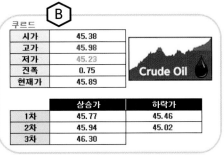

상승가 2차 45.94를 훌쩍 넘어 고점45.98를 확인하고 눌림이 들어오는 것을 확인할 수 있습니다. 옵션에서 정해진 가격대를 순서대로 확인하는 것처럼, 해외선물에서도 가격이 정해져 움직이고 있다는 것을 말씀드리는 것입니다. 추세대로 홀딩을 한다는 것은 해외선물에서는 변동성이 심해 정말 어렵습니다. 하지만 가디언 가격DDE에서 실시간 가격이 설정되기 때문에 어려운 추세매매도 가능할 수 있습니다. 자, 그럼 상승가 3차 46.30대를 정말 확인하는지 다음 차트를 보고 확인하기 바랍니다.

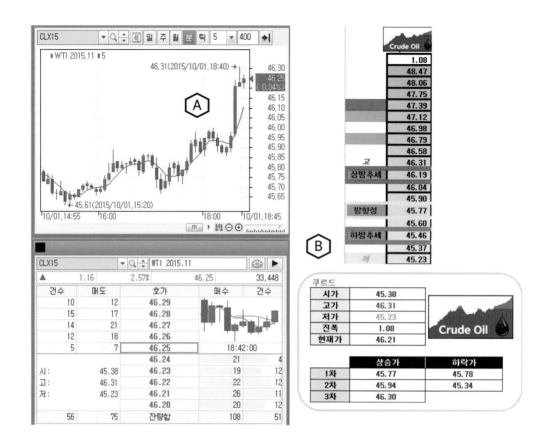

차트 A를 보시면 고점 46.31를 찍고 밀리는 구간 상승가 3차 46.30을 정확히 확인하는 순간입니다. 매수포지션은 상승가 1차, 2차, 3차까지 홀딩할 수 있다는 전략을 만들 수 있습니다. 해외선물차트의 움직임에 정형화된 공식이나 정답은 있을 수 없습니다.

가디언은 상방추세와 하방추세에서 시장의 방향성이 정확이 이루어지고 상승가와 하락가가 설정되기 때문에 미리 가격을 예측할 수 있고 방향을 예측할 수 있습니다 . 과학적이고 수학적으로 풀어낸 상승가와 하락가에서 시장의 방향을 정확히 확인할 수 있습니다.

5. 실전 EUR/USD 매매법

외환시장에서 투자자들에게 인기 있는 금융상품투자로 유로화가 떠오르고 있습니다. 외환시장에 참여하는 투자자들조차도 투기로 오해하는 경우도 있지만, 실질적으로 외환시장은 투기성 시장이 아닙니다. 외환시장의 특징을 통해 왜 그런지를 살펴보겠습니다.

1〉 EUR/USD의 장점

A. 24시간 거래가 가능 : 24시간 전 세계 어디서든 거래가 가능합니다. 개·폐장시간이 별도로 없으므로 시간의 제약 없이 원하는 시간에 거래하실 수 있습니다. 우리시간 월요일 오전 07시부터 토요일 새벽 06시까지 거래가 가능합니다.

B. 높은 유동성 : 유동성이 풍부해 원하는 가격에서 언제든 매매가 가능합니다. 유동성 부족으로 거래가 지연되거나 투자자들이 시장가 체결을 원하는 경우 불리한 가격에 주문 체결이 이루어지지 않습니다.

C. 높은 변동성 : 국제적인 이벤트나 지정학적 사건 그리고 경제지표 발표가 있을 경우에는 100-200Pips 정도 움직입니다. 별다를 지표 발표나 이벤트가 없어도 매일 100Pips 정도는 움직입니다.

D. 높은 레버리지 : 5%의 적은 자금으로 $100.000의 한 계약을 거래할 수 있습니다. 누구든 소자본으로 높은 수익의 기회를 잡을 수 있습니다.

E. 양방향 수익구조 : 주식처럼 가격이 상승하는 경우에만 이익이 발생하는 구조가 아니고 가격이 상승하든, 하락하든 방향만 맞으면 언제든지 이익이 발생합니다. 유동성이 풍부하므로 가격이 하락할 경우에도 매도를 하고, 후에 매수를 하면 이익을 실현할 수 있는 양방향 수익구조입니다.

F. 매매중단 또는 시장조작이 불가 : 환율이 갑자기 급등락해도 서킷브레이키스 같은 매매중단이 없습니다. 상한가, 하한가도 없으므로 손실이 발생하면 손절을 하고, 이익이 발생하면 원하시는 가격에서 청산을 하면 됩니다. 또한 국제외환시장에서는 주식처럼 작전세력에 의해 가격이 왜곡되는 경우가 없습니다.

G. 기술적분석의 적용이 가능 : 매매시간이 일일 6시간으로 제한되거나, 상·하한가제도, 서킷브레이크 같은 매매 중단으로 가격이 쉽게 왜곡되는 주식, 선물과는 달리 유로화는 24시간 끊임없이 거래가 되기 때문에 기술적분석을 많이 공부한다면 높은 수익을 올릴 가능성이 높습니다. 따라서 유로화는 금융거래에 정통한 한국투자자들에게 가장 적합한 상품입니다

2〉 EUR/USD거래의 원리

외환거래는 두 나라의 통화를 동시에 교환하는 행위입니다. 거래되는 통화들은 두 개의 통화를 한 쌍으로 묶어 표기하는데, 국제표준기구의 통화표시 기호를 그대로 적용합니다. 예를 들어 EUR/USD, USD/JPY 등이 대표적 통화상품입니다.

한쌍의 통화에서 앞의 통화를 기준통화(Base)라 하고, 뒤의 통화를 상대통화(Counter Currency)라고 합니다.

외환거래를 한다는 의미는 기준통화를 매수하면서 상대통화를 매도하는 것입니다. 예를 들어 유로/달러(EUR /USD)를 매수하면 유로를 매수하고 달러를 매도하는 것입니다. 반대면 유로를 매도하고 달러를 매수하는 것입니다.

유로/달러(EUR/USD) 매수=유로화 매수=달러화 매도

3〉 EUR/USD의 최적의 매매시간대

　　런던외환시장은 세계에서 가장 크고 유동성이 풍부한 중요한 시장입니다. 주요 통화거래의 상당부분이 높은 유동성과 효율성 때문에 런던시간대에 이루어집니다. 우리시간으로 오후 16시부터 익일 02시까지 가장 활발한 거래와 움직임을 보여줍니다. 시장 참여자들과 엄청난 거래량으로 인해 런던외환시장은 전 세계에서 가장 변동성이 큰 시장으로 손꼽히고 있습니다.

　　우리시간 22시~익일 02시까지는 미국시장과 유럽시장이 겹치는 시간대로 활발하게 움직이며 그 영향을 받습니다. 유럽시장에서 거래되는 환율의 경우 변동폭의 70~80%가 이 시간대에 움직인다고 볼 수 있습니다. 미국시장도 마찬가지입니다. 전업투자자가 아니라도 이 시간대에 접근해 수익을 기대치 이상 높을 수 있는 가장 적합한 시간대라 볼 수 있습니다.

　　우리시간 16시~18시의 시간대는 유럽시장과 아시아시장이 겹치는 시간대로 비교적 거래량이 적습니다. 거래량이 적기 때문에 비교적 안전하게 거래할 수 있는 시간대일 수도 있습니다. 시간이 흘러갈수록 미국 경제지표 발표 시간대나 미국증시가 개장할 때까지 리스크를 관리하며 오히려 포지션 구축을 할 수 있는 시간대라는 게 장점일 수 있습니다.

4〉통화상품에 큰 영향을 미치는 경제지표들

A. 고용시장 관련 지표

◇ **Non-Farm Payroll Report(비농업부문 신규일자리수)** : 매월 첫째 주 금요일 PM 10:30에 발표됩니다. 농업부문을 제외한 신규 일자리수에 관한 통계자료입니다.

◇ **ADP National Employment Report(전미실업보고서)** : 매월 첫째 주 수요일 PM 10:15에 발표됩니다. ADP회사가 발표하는 실업관련 통계입니다. 통상적으로 NFP와 90% 정도 일치되고 NFP의 선행지표로 활용됩니다.

◇ **Initial Jobless Claims(신규 실업수당 청구건수)** : 매주 목요일 우리시간 오후 10:30에 발표됩니다. 주 정부의 사회보장창구에 실업급여를 신규로 청구하는 건수를 집계한 것입니다. 시장에 미치는 영향은 미미합니다.

B. 인플레이션 관련 경제지표

◇ **근원인플레이션(핵심인플레이션)**을 근거로 물가상승 정도를 파악합니다. 식료품이나 오일과 같이 일시적, 계절적으로 급등락할 수 있는 물가는 빼고 계산한 인플레이션율입니다.

◇ **Consumer Price Index(CPI : 소비자물가지수) :** 소비자들이 구입한 특정상품 및 서비스의 가격의 증감을 측정한 것입니다.

◇ **Personal Consumption Expenditure(PEC : 개인소비지출) :** 개인이 구입한 모든 재화와 서비스의 총 시장가치를 지표화한 것입니다. 구성품목은 비교적 탄력적으로 운용됩니다.

◇ **Producer Price Index(PPI : 생산자물가지수) :** 도매물가수준을 파악할 수 있는 지표로 생산자로부터 얻은 8,000개 이상의 개별상품 및 상품군의 가격정보를 반영한 것입니다. 인플레이션 관련 지표 중 가장 먼저 발표됩니다.

◇ **Institute for Supply Mangement Prices Paid Index(ISM : 지불물가지수) :** 각 기업의 구매관리자(Purchasing Manager)들이 원자재 및 중간재 구매에 지불한 가격을 지표화한 것입니다.

C. 주택시장 관련 지표

◇ **Existing-Home Sales(기존주택 판매건수)** : 전미부동산중개인협회(NRA)가 매달 발표하는 지표로 기존주택의 판매건수를 집계한 것입니다. 기존주택판매가 총 주택판매의 85% 정도를 차지하고 있으며, 내구재소비, 판매증가와 연관되어 있습니다.

◇ **Pending Home sales(기존주택판매의 선행지수)**

◇ **New-Home sales(신규주택 판매건수)** : 신축건물 중 판매가 된 건에 대한 통계치입니다.

◇ **Housing Starts(주택 착공건수)** : 주거용 주택의 착공건수를 집계한 것입니다. 건설 경기 회복의 단서로 사용되고 신규주택 판매건수의 선행지표 역할을 합니다.

D. 소비자 동향 관련 보고서

◇ **소비자 신뢰지수(Consumer Confidence Index)** : Conference Board라는 민간연구단체에서 5,000세대를 대상으로 현 경제에 대한 소비자들의 평가와 향후 6개월간의 미래 전망 혹은 기대치를 물어 그 결과를 취합해 만든 지표입니다. 경기선행지수로 평가됩니다.

◇ **소비자 동향지수(Consumer Sentiment Index)** : 미시간 대학에서 발표하는 지수로 소비자 신뢰지수와 매우 유사합니다. 매월 2, 4번째 금요일에 발표됩니다.

◇ **ABC 소비자 신뢰지수(ABC Consumer Confidence)** : 매주 발표됩니다. 소비자 신뢰지수 및 소비자 동향지수의 선행지표로 주로 이용됩니다.

E. 공급 관련지표

◇ **공급관리자협회 보고서 :** 미국공급관리자협회(Institute for Supply Management: ISM)가 미국 내 20개 업종 400개 이상 회사를 대상으로 매달 설문조사를 통해 산출해 발표하는 지수입니다. 제조업지수(ISM Manufacturing Index)와 비제조업지수(ISM Non-Manufacturing Index)가 있습니다. ISM〉50이면 경기확장을, ISM〈50는 경기수축을 의미합니다.

◇ **ISM 제조업지수(ISM Manufaturing Index) :** 기업의 생산, 수주액, 재고 등 전반적인 활동내역이 담겨 있으며, 향후 경기전망의 선행지표로 활용됩니다.

◇ **ISM 비제조업지수(ISM Non-Manufacturing Index) :** 서비스 산업 부문의 보고서입니다. 시장에서는 ISM 제조업지수를 더 높이 평가합니다.

F. 중요기타지표

◇ **국내총생산(GDP : Gross Domestic Product) :** 분기별 발표되는 후행성 지표입니다. 한 국가의 경제성장 총량을 나타낸 것입니다. 한 국가의 영역 내에서 이루어진 개인, 기업 및 정부가 일정기간 생산활동에 참여해 만들어낸 상품과 서비스의 부가가치를 시장가격으로 평가한 것입니다.

◇ **무역수지:** 매월 발표됩니다. 한 국가의 수출입에 관한 통계입니다. 무역수지가 흑자면 해당 통화는 강세, 적자면 해당 통화는 약세가 예상됩니다.

◇ **소매판매지수(Retail Sales) :** 매월 13일 전월치의 지수가 발표됩니다. 미국 상무부가 발표하는 지수로 내구재 및 비내구재를 포함한 소매업의 월매출을 집계해 발표합니다. 근원소매판매지수(Core Retail Sales)가 중요합니다. 자동차와 같이 월별판매대수의 변화가 심한 품목은 제외됩니다.

◇ **미연방준비위원회(FED)의 Beige Book :** FOMC 차기통화정책이 열리기 1~2주 전 발표됩니다. FED가 금리 및 통화정책을 논의할 때 중요한 참고자료로 활용됩니다. Beige Book은 FED 산하 12개 지역 연방준비은행이 기업인과 경제학자, 시장전문가 등을 통해 비공식적인 자료를 수집, 지역별, 분야별 정보들을 요약한 일종의 경기동향보고서입니다. 체크사항은 경기는 좋아지고 있는가 또는 나빠지고 있는가? 그리고 속도는?, 경제의 어떤 부문이 강세이고 또 어떤 부문이 약세인가?, 인플레이션의 징후가 있는가?, 노동시장의 움직임은 어떠한가? 등입니다.

◇ **FOMC Meeting Announcement :** 향후 연방준비은행의 정책기조를 발표하는 것입니다. 반드시 주목해야 할 이벤트입니다.

◇ **필라델피아 제조업 지수(Philadelphia Fed Index) :** 미국의 주요 제조업지역인 필라델피아 지수는 ISM 제조업 지수의 선행지표 역할을 합니다. 지수〉0이면 경기상승, 지수〈0이면 경기하락을 의미합니다.

5〉 EUR/USD에 영향을 미치는 요인들

A. 유로권 : 국내총생산 계정에서 유로를 채택하고 있는 11개 국가들(Eurozone)는 독일, 프랑스, 이태리, 스페인, 네덜란드, 벨기에, 오스트리아, 필랜드, 포르투갈, 아일랜드, 룩셈부르크가 있습니다.

B. 유럽중앙은행(European Central Bank) : 유로권을 위한 통화정책을 관리합니다. 의결기구는 집행위원회, 각국 중앙은행의 총재들로 구성된 운영위원회입니다. 집행위원회는 유럽중앙은행 총재, 부총재, 그리고 4인의 기타 위원들로 구성됩니다.

C. 유럽중앙은행의 정책 목표 : 유럽중앙은행의 주요 목적은 가격안정입니다. 이 은행의 통화정책은 다음의 두 가지 핵심 축으로 구성되어 있습니다. 첫째 축은 가격동향과 가격안정위험에 대한 전망입니다. 가격안정은 2% 이하의 종합소비자가격지수 증가로 정의됩니다. 종합소비자가격지수가 매우 중요하기는 하나, 가격안정에 대한 중기 위험여부를 결정하기 위해 다양한 지표 및 예측들이 이용됩니다. 둘째 축은 M3에 의해 측정되는 통화량 증가입니다. 유럽중앙은행은 연간 4.5%의 M3 성장을 기준치로 채택하고 있습니다. 유럽중앙은행은 격주 목요일마다 운영위원회를 개최해 이자율을 공표합니다. 매월 첫 회의에서 유럽중앙은행은 기자회견을 갖고 통화정책 및 경제전반에 대한 전망을 발표합니다.

D. 이자율 : 유럽중앙은행의 재대출이자율은 유동성을 관리하기 위해 이용되는 주요 단기 이자율입니다. 유럽중앙은행의 재대출이자율과 미국 연방자금 금리의 차이는 EUR/USD에 대한 좋은 지표가 됩니다.

E. 3개월 만기 유로예금 : 유로권 밖의 은행들이 보유하고 있는 3개월 만기 예금(3-month Euro-deposit : Euribor)이자율은 환율예측을 위해 이용하는 이자율 차이를 결정하는 데 있어서 매우 귀중한 기준이 됩니다. EUR/USD를 예로 들면, 유로-달러예금에 비해 유로예금에 유리하게 형성된 이자율의 차이가 클수록, EUR/USD는 상승할 가능성은 커집니다. 때로는 다른 요인들의 복합작용으로 이러한 관계가 성립하지 않기도 합니다.

F. 10년 만기 정부채권 : EUR/USD 환율에 영향을 미치는 또 다른 중요한 요인은 미국과 유로권의 이자율 차이입니다. 독일의 10년 만기 정부채권(10-Year Government Bonds)이 일반적인 비교기준으로 이용됩니다.

독일의 10년 만기 채권 이자율이 미국의 10년 만기 재무부 증권 이자율보다 낮기 때문에, 스프레드의 축소(독일의 수익률 인상 또는 미국의 수익률 감소)는 이론상으로 EUR/USD 환율에 유리할 것으로 예상됩니다.

스프레드의 확대는 EUR/USD 환율에 불리하게 영향을 미칠 것입니다. 그러므로 10년 만기 미국-독일 채권 이자율의 스프레드는 주시해야 할 좋은 지표입니다. 이와 같은 수치의 추세는 일반적으로 절대치보다 더 중요합니다. 물론 이자율 차이는 일반적으로 미국과 유로권의 성장전망과 관련이 있으며, 이는 환율을 결정하는 또 다른 기초적 요인입니다.

G. 경제지표 : 가장 중요한 경제지표는 최대 경제국인 독일이 발표하는 것이며, 유로권 전체에 관한 통계지표들은 아직 미숙한 단계에 있습니다. 중요한 경제지표들에는 대개 국내총생산, 물가상승률(소비자물가지수 및 종합소비자물가지수), 공업생산, 그리고 실업률이 있습니다. 특히 독일이 발표하는 주요 지표는 기업신뢰도를 폭넓게 나타내주는 IFO조

사입니다. 안정 및 성장에 관한 협정에 의거해서 GDP성장률을 3% 이하로 유지해야 하는 개별 국가들의 재정적자 또한 중요한 지표입니다. 이 국가들은 또한 자국 적자의 추가적인 감소 목표를 가지고 있으며, 목표달성의 실패는 유로화에 불리한 영향을 미칠 가능성이 있습니다. 우리는 이탈리아가 자국의 재정적자 지침을 완화시키는 것을 보았습니다.

H. 교차환율의 영향 : EUR/USD환율은 때로는 EUR/JPY과 같은 교차환율(제3국 환율)의 움직임에 의해 영향을 받습니다. 예컨대, EUR/USD는 EUR/JPY 환율 하락을 통해 여과되는, 일본에 관한 매우 긍정적인 뉴스에 의해 하락할 수 있습니다. 비록 USD/JPY가 하락하고 있는 경우라도, 유로화 약세는 하락세의 EUR/USD에 영향을 미칩니다.

I. 3개월 만기 유로선물거래 : 3개월 만기 유로선물거래(3-month Euro Futures Contract : Euribor)는 미래의 3개월 유로-유로 예금에 대한 시장의 기대를 반영합니다. 3개월 현금 유로-달러와 유로-유로 예금에 대한 선물거래들의 차이는 EUR/USD에 대한 기대를 결정하는 중요한 변수입니다.

J. 기타 지표 : EUR/USD와 USD/CHF은 강한 부정적인 상관관계를 보이는데, 이는 유로와 스위스 프랑의 지속적인 유사관계를 반영하는 것입니다. 이는 스위스 경제가 대체적으로 유로권 경제에 의존하기 때문입니다. 대부분의 경우, EUR/USD의 상승(하락)은 USD/CHF의 하락(상승)을 동반합니다. 두 통화들 중 어느 한쪽에만 적용되는 요인들이 있는 경우, 이러한 관계는 성립하지 않습니다.

6〉 가디언 시스템을 통한 진입과 청산의 기술

유로화는 앞서 말한 바와 같이 경제지표의 영향과 주요 금리정책에 영향을 많이 받습니다. 매일 나오는 경제지표의 영향에 따라 롱숏전략이 펼쳐지므로 각별한 주의가 필요하며 기술적분석으로 이해가 안 되는 부분까지 가디언 가격시스템에서 실시간 자동가격이 설정되므로 추세추종매매가 가능하다는 것을 체크해보시기 바랍니다.

[가디언에 입각한 실전추세매매]

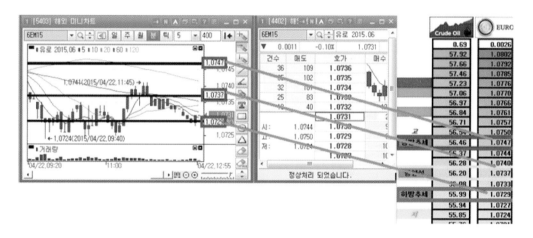

오후장 유로화의 가디언가격에 입각한 실전추세 매매대응 화면입니다. 앞서 시간과 진폭이 해외선물시장에서 중요하다고 공부했듯이 매매에 앞서 시간과 진폭을 체크해야 합니다. 보통 유로화의 경우 오전 시간대에는 큰 움직임이 없이 진폭 30~40틱 내외에서 움직이다 오후 시간대부터 방향을 잡기 시작합니다.

이 구간이 중요합니다. 가디언 가격을 먼저 체크하면 하방추세라인 1.0729가 지지받고 방향성라인을 돌파후 지지될지를 확인하고 일단 매수전략으로 대응합니다. 방향성라인 아래에서 캔들이 위치하느냐 위에 위치하느냐에 따라 추세가 전환된다는 의미입니다. 보통 N자 형태로 눌림목이 형성될 때 방향성라인인 1.0737까지를 돌파 후 지지되는 것을 보고

진입해야 합니다. 자! 그럼 매수대응전략으로 매매를 했다면 과연 어떻게 가격이 형성되었는지 체크해보겠습니다.

[가디언 가격에 입각한 N자형 눌림목 매수전략]

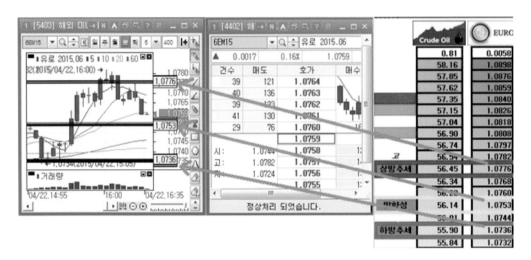

하방추세라인 1.0729와 방향성라인 1.0737을 돌파 후 지지를 확인하고 매수했다면 추세매매의 시너지 효과가 발생했다는 것을 확인할 수 있습니다. 해외선물의 장점은 추세추종패턴으로 진행된다는 것입니다. 추세가 나오는 방향으로 매매가 가능하다는 뜻입니다.

가디언의 상방추세라인, 방향성라인, 하방추세라인의 가격변화에 따라 눌림 시 진입포인트를 잡고 대응한다면 기술적분석의 휩소에 당하지 않고 리스크를 줄이고 안전한 매매가 가능합니다. 눌림 시 재진입은 방향성라인인 1.0753가 설정됩니다. 가디언의 추세추종원칙에 입각해서 눌림목 매수를 진입했다는 가정 하에 가격의 변화를 추적해보겠습니다.

[가디언 가격 눌림 시 추세추종전략]

　눌림으로 방향성라인 1.0753에서 매수대응 시 추가적인 상승으로 1.0802 고점까지 50 틱 내외의 추세를 확인할 수 있습니다. 변동성이 강한 해외선물시장에서 오직 기술적분석으로 대응한다는 건 어디로 튈지 모르는 럭비공과 같습니다. 하지만 시세를 움직일 수 있는 변곡점을 체크해서 시세를 좇아가는 것보다 가격의 움직임을 체크해서 대응한다면 해외선물시장에서 살아남는 투자자가 될 것입니다.

6. 실전 금선물 매매법

1〉 금선물시장의 특성 및 가격결정요인

금선물상품은 거래소에서 승인된 순도 99.5% 이상의 바(Bar) 형태의 금을 기초로 하는 대표적인 금속선물상품입니다. 금은 대표적인 안전자산으로 분류되며 현재 우리나라에서도 다양한 투자방법이 존재하고 있습니다. 금선물은 최근 연속 3개월물과 23개월 이내의 모든 2, 4, 8, 10월물 등의 월물이 상장되어 거래가 가능합니다. 다만 짝수월물 거래가 활발하므로 이 점은 유의해야 합니다. 거래시간은 우리시간 아침 7시부터 다음날 아침 6시 15분까지 거래가 가능합니다. 1계약을 거래하려면 증거금이 $6,600로 약 700만 원 정도 필요하다고 보면 됩니다. Tick 가치는 10$이라고 보면 됩니다. 원화로 약 1만 원 정도입니다.

금은 전성, 연성이 높고 전기 전도성이 높은 희소금속으로, 보석으로 많이 이용됩니다. 금은 상품선물과 금융선물의 성격을 동시에 가지고 있어 수요와 공급 및 참가자의 심리 등에 의해 가격이 변동되곤 합니다. 하지만 상품선물로써의 금시장은 수요가 가격을 주도하고 있습니다. 공급적인 측면에서 더 이상 추가로 발견될 대규모의 금광이 없다는 의견이 일반적이기 때문입니다.

금에 투자를 함으로써 인플레이션 헤지수단으로 활용할 수 있고 주식, 채권 등 금융자산과 관련된 위험 방지수단으로 활용할 수도 있습니다.

가격결정요인으로는 모든 해외선물이 그렇지만 금선물도 마찬가지로 기본적분석과 기술적분석을 통합해서 매매에 접근해야 됩니다. 사실 금상품에 대한 정보가 유로화나 달러 같은 통화, 지수상품보다는 부족한 게 사실입니다. 하지만 단순하게 접근한다면 금은 안전자산의 대표적인 상품이기 때문에 지정학적 리스크나 달러화의 방향을 고려해 향후 매매에 접근하시면 되겠습니다.

금상품매매에 크게 영향을 미치는 첫 번째는 지정학적 리스크, 두 번째는 중국이나 인도의 금 수요와 공급, 즉 수·급입니다. 사실 이러한 정보들은 실시간으로 알고 매매에 대응하기가 불가능합니다. 따라서 금선물을 매매할 때는 장기적인 추세에 맞춰서 단타로 수익을 추구하는 게 일반 투자자에게는 더 맞는 투자 방법이라고 봅니다. 단기적으로 금선물가격은 달러 및 유가의 영향을 많이 받게 됩니다. 즉 달러가치가 하락하면 금가격이 상승하고 원유가격이 하락하면 금가격도 하락하는 경우가 많은데, 그 상관관계의 정도는 구간의 상황에 따라 조금 달라질 수 있습니다.

금선물은 호가의 급변동으로 인해 투자를 꺼리는 개인들이 많은데, 급변동하는 추세진행 속에서 일정한 패턴을 찾을 수 있다는 장·단점이 있습니다.

금선물은 밤에는 급변동이 심해서 초보투자자가 감당할 수 없을 만큼 시세가 나올 수 있습니다. 그래서 보통 아침 8시부터 밤 20시까지 거래를 하거나 아니면 아예 24시를 넘겨서 투자를 하는 것이 훨씬 안정적일 수 있습니다. 참고로 낮시간대 거래나 새벽시간대 거래만 해도 충분히 수익을 낼 수 있습니다.

금선물은 원웨이로 시장을 상승시키거나 하락시키는 경우는 한 달에 3~4회 정도며 평균적으로 큰 추세의 변곡점이 하루에 2~3회가 발생합니다. 그렇기 때문에 가디언 가격, 상승추세라인, 방향성라인, 하락추세라인을 제대로 실전에 익혀서 대응한다면 승산이 높습니다. 앞서 말한 변곡점만 노려서 진입해도 수익을 극대화할 수 있습니다.

금선물은 물타기가 가능합니다. 오일의 경우 원웨이장이 너무 강하기도 하고 자주 출현하기 때문에 물타기를 하는 것보다 손절을 하고 재진입을 하는 것이 더 좋은 방법이지만, 금선물은 하루 추세가 보통 크게는 2~3회, 짧게는 상당히 많이 출현하기 때문에 물타기가 가능한 종목이라 할 수 있습니다. 하지만 리스크는 충분히 줄여야 합니다.

금선물뿐만 아니라 해외상품시장은 새벽 3시 사이에 강한 변동성이 발생합니다. 금선물은 급변동하는 특징이 있습니다. 해외선물투자자라면 누구나 접근을 해봤겠지만 조금은 꺼리는 투자종목입니다. 일정한 패턴이 유지되지 않기 때문입니다. 금선물은 우리시간으로 22시부터 02시까지의 미국시장과 유럽시장이 동시에 겹치는 시간대에 집중적으로 거래가 나타나므로 그 시간대에 시장에 접근할 경우 상당한 수익을 얻을 수 있는 장점도 있습니다. 하루 진폭 150틱-200틱 정도의 변동폭으로 움직이는 특성이 있기 때문에 초보자들은 감당할 수 있는 수준이 될 수 있도록 상품에 대한 인지가 필요합니다.

2〉 가디언 시스템을 통한 진입과 청산의 기술

금가격은 항상 일정한 패턴이 유지되기 보다는 갑자기 급변동하는 성격을 가진 상품입니다. 그래서 개인투자가들이 가장 꺼리는 상품입니다. 하지만 가디언 가격을 보고 미리 추세의 방향성을 체크하고 대응한다면 좋은 수익구조가 만들어질 것입니다. 그럼 가디언 가격시스템에 입각해 예를 들어보겠습니다.

[금선물의 가디언 가격에 입각한 추세추종매매 ①]

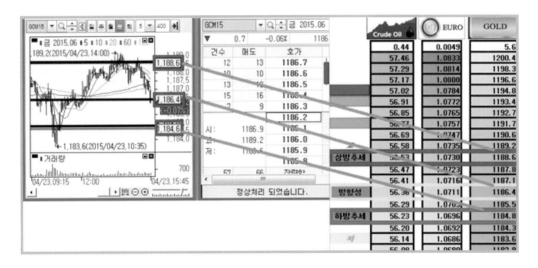

가디언 가격 상방추세라인 1188.6, 방향성라인 1186.4, 하방추세라인 1184.8으로 자동가격이 설정되어 있습니다. 항상 시간과 진폭으로 한폭 이상 상승이 만들어지면 상방추세라인이 저항이 되는지 체크해야 합니다. 되돌림 파동 시 상방추세라인 1188.6라인을 돌파하지 못하고 저항이 확인되면 바로 매도로 대응해야 합니다.

매도로 대응했을 경우 목표가를 어디까지 설정할지가 개인투자자들이 가장 망설이는 부분입니다. 하지만 가디언 가격에서는 목표가를 방향성라인 1.186.4까지 홀딩하는 것이 가능해 혼란스럽지 않습니다. 잔파동은 무시하고 홀딩할 수 있는 전략을 가디언 가격시스템이 제시하는 것이 가장 큰 장점이며 휩소에 당하지 않을 수 있는 것입니다. 또한 추세가 어디까지 가는지가 궁금할 것입니다. 추가적으로 하방추세라인인 1184.8까지 내려왔는지 체크해보겠습니다.

[가디언에 입각한 금선물매매의 추세추종 ②]

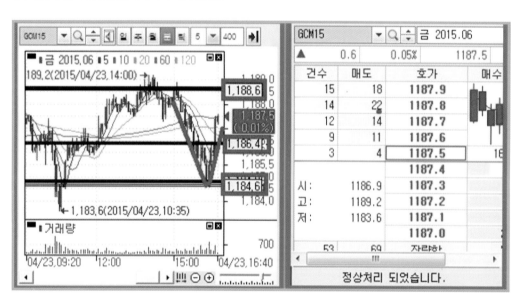

가디언 가격시스템에서 미리 정해주는 가격대로 시장은 움직이고 있다는 구조를 체크가 되었을 것입니다. 하방추세라인 1184.8을 정확히 확인하고 있습니다. 그렇다면 고점이 무너지며 하방추세라인에 근접한다면 여러분들은 추세이탈이라고 추격매도로 진입할 것인가요? 아닙니다. 가디언 가격 하방추세라인은 한 번에 무너지지 않습니다. 단기반등이기 때문에 짧게 매수로 대응을 해야 하는 것이지, 추격매도를 해서는 안되는 것입니다.

[가디언 가격에 입각한 양방향 매매]

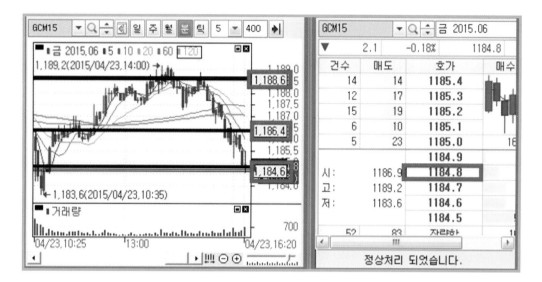

　　하방추세라인 1184.8에서는 매도 청산 및 매수 전환 구간이라는 것을 차트에서 직접 확인할 수 있습니다. 가디언 가격시스템에서 상방추세라인, 방향성라인, 하방추세라인의 가격은 수학적이고 과학적인 가격입니다. 시간론과 가격론과 파동론에 입각한 시스템입니다. 고점 대비 조정파가 진행될 경우 하방추세라인에서는 매수스위칭으로 양방향 매매가 가능한 전략적 가격시스템입니다.

7. 승률 높은 해외선물 기술적 추세매매

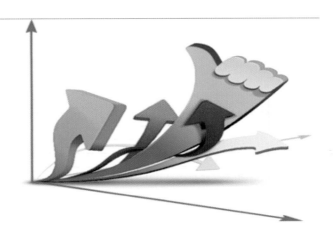

해외선물은 높은 레버리지 효과 때문에 작은 금액으로 큰 수익을 낼 수 있는 상품으로 인식되어 개인투자자들이 무모하게 매매에 임하지만 결국은 수렁 속에서 헤어나지 못하는 경우가 종종 발생합니다. 국내선물상품의 메리트가 떨어지면서 대안으로 해외선물에 폭발적인 관심이 많아지면서 개인투자자들의 유입이 많아지고 있지만 매매에 대한 위험성은 매우 크다는 것을 인식해야 합니다. 비교적 단순한 구성인 국내파생시장과 달리 해외선물은 상품의 다양성으로 많은 기술적분석과 기본적분석을 필요로 하는 상품입니다.

많은 개인투자자자들이 해외선물에서 추세의 방향성이나마 알고 매매할 수 있다면 그렇게 어려운 투자가 아닐 수도 있는데도 말입니다. 아주 단순하면서 쉽게 접근할 수 있는 기법을 알려드리고자 합니다.

1〉 330틱차트 추세매매기법

　장중 상승추세대와 하락추세대를 설정해서 역방향으로 진입하지 않고 추세의 방향성을
먼저 체크하면서 전략을 세우는 단순한 기법입니다. 추세가 한 번 형성되면 일정시간 진행
된다는 특성을 고려해 추세장에서 매우 유용하며, 중기적 흐름파악에 용이한 방법입니다.

[쿠르드오일 330틱차트로 방향성 읽기]

　먼저 크루드오일 330틱차트를 설정합니다. 빨간색 동그라미는 상승추세대가 형성되는
패턴이며, 파란색 동그라미는 하락추세대가 형성되는 패턴임을 알 수 있습니다. 상승추세
대를 먼저 보면 각각의 저점이 지지대를 붕괴시키지 않고 추세대에 닿을 때마다 튕겨 올라
가는 현상을 보면서 역방향매매는 절대적으로 하지 않게 만듭니다. 눌림목 매수지지대에서
가디언 가격지표와 일치하는 가격대에서 매매하는 것을 원칙으로 전략을 세우는 것입니다.

파란색 동그라미는 상승추세대가 붕괴되면서 하락추세대가 형성되는 패턴이며 매도 위주의 매매가 유리하다는 것을 보여주는 차트입니다. 수많은 기술적분석(보조지표) 등을 사용해봤지만 휩소에서 벗어나지 못하고 잦은 매매와 빈번한 손절은 계좌를 줄어들게 합니다. 개인투자자들은 많은 고통과 번뇌에서 일어서지 못하고 있습니다. 330틱차트에 형성된 추세대만 제대로 익혀 기다리면서 원하는 자리에서 매매한다는 원칙과 기준만 지킨다면 여러분들의 승률은 훨씬 더 높아질 것이다.

조급증을 버리고 기다려야 합니다. 상승추세대의 눌림목 매수자리, 하락추세대의 눌림목 매도자리가 올 때까지 반드시 기다려야 합니다. 수익은 못 버티고 빨리 청산해버리는 심리와, 손절은 끝까지 버티며 큰 손실로 이어지는 게 개인투자자의 심리입니다. 기다림의 미학을 스스로 깨우친다면 해외선물시장에서 승자가 될 것입니다.

2〉 60분봉차트로 장타매매기법을 구사

　일정한 시세가 분출된 이후 가격이 횡보를 하게 되면 중장기이평선인 120이평선과 60이평선 또한 함께 횡보할 것입니다.

[장타매매기법을 볼 수 있는 60분봉차트]

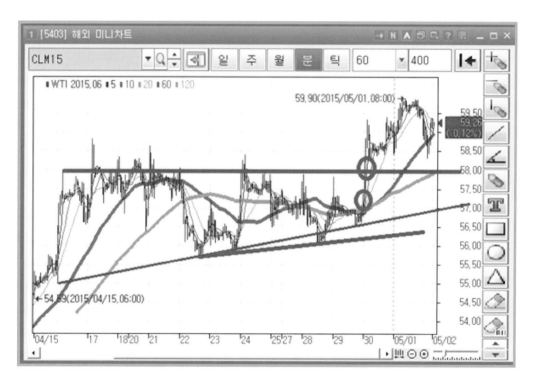

　캔들이 120이평선과 60이평선 사이에서 상승과 하락을 반복하며 수렴을 하다 다시 120이평선까지 하락 후 60이평선이 120이평선을 상향돌파하는 골든크로스가 나타날 때 진입 타이밍을 잡는 기법입니다. 이때를 놓쳤을 때는 다음으로 위 상단 추세대를 돌파 후 완전히 이평의 기울기가 우상향으로 기울었음을 확인 후 매수전략을 펼쳐도 추가수익을 낼 수 있는 기법입니다. 잦은 매매로 인한 손실을 초래하는 방법보다 오히려 장타로 대응하는 전략이 개인투자자에게는 효율적일 것입니다.

3〉 60분봉차트와 30분봉차트상 하락반전형 패턴매매법

반전 추세의 확대 시 캔들의 모양을 주의깊게 체크하면서 진입하는 기법입니다. 장시간 상승추세가 형성된 후 하락반전형의 캔들을 익혀 진입타이밍을 잡는 기법입니다. 먼저 다음 표에서 하락반전형 캔들을 체크하시기 바랍니다.

패턴명칭	유형	해설	패턴명칭	유형	해설
유성형		상승 중에 고점에서 나타남. 갭 상승 후 긴 윗꼬리를 형성, 짧은 몸통	교수형		상승 중 최고점에서 나타남, 짧은 몸통과 긴 아래꼬리. 하락 반전 큼.
하락 샅바형		상승추세의 마지막에 나타남. 이후 약세전환 가능성이 매우 높음.	하락 십자형		상승추세 중 갭상승 후 도지 출현, 약세전환하나 상승세 지속될 수 있음.
석별형		샛별형과 반대. 하락추세 반전 가능성 높음. 음의 몸통이 짧을수록 하락세 강화	십자 석별형		석별형보다 상한 하락추세 전환, 전일 갭상승 짧은 도지
하락 기아형		빈도수 낮음. 추세전환 강도 높음.	하락 잉태확인형		전일 시가 하단 종가로 강한 하락추세로 전환
하락 장악형		전일 양봉 몸통을 감싸는 음봉 발생, 하락 반전 높음.	하락 장악확인형		하락장악형에 이어 전일 종가 하회 강력한 하락추세 전환
하락 잉태형		상승추세 중 나타나며 하락 반전될 가능성, 상승추세 유지 시 상승 강화	하락 십자형		짧은 음봉이 전일 긴양봉 감싸는 패턴, 하락반전 아닐 시 상승강화
흑운형		상승추세 중 매수강도 약화, 전일 몸통 중간 이하 하락 반전 높음.	하락 반격형		전일 증가와 비슷한 종가형성, 흑운형 보단 다소 약함.
트위저 탑		고점돌파 실패, 전일 고점이 저항권으로 하락 전환	하락 까마귀형		전일과 전전일 갭상승 후 음봉발생, 하락전환

하락반전형 패턴 16가지를 단순히 보는 걸로 그치지 말고 완전한 내 것으로 만들기 위해서 노력해야 합니다. 실전에서 유심히 살펴보면 그로 인해서 깨달음을 얻게 되고 쉽게 잊어버리지 않을 것입니다. 상승하고 있는 상황에서 16가지 하락반전형 패턴이 나오면 상승에서 하락으로 추세가 바뀔 수 있습니다.

[유로화상품 60분봉차트의 하락반전형 패턴]

[크루드오일 60분봉차트의 하락반전형 패턴]

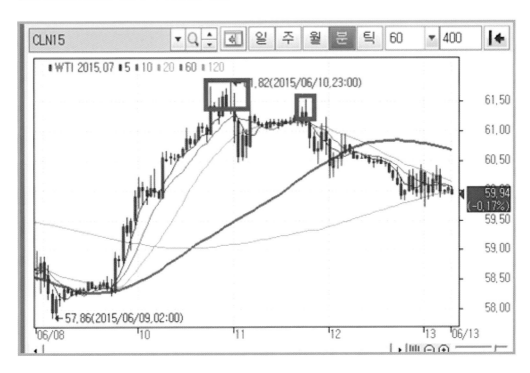

60분봉차트상 하락반전형 패턴입니다. 장시간 상승세가 지속되다가 하락반전형 캔들이 만들어진 후 추세가 하락으로 바뀌는 패턴입니다. 상승추세가 진행하던 중 하락반전형 캔들이 출현하면 일단 추세반전이 될 가능성이 큽니다. 캔들을 보면 꼬리가 위에 달리든 아래에 만들어지든 상관은 없지만 위꼬리가 길수록 신뢰도가 높습니다.

[유로화의 하락반전형 패턴]

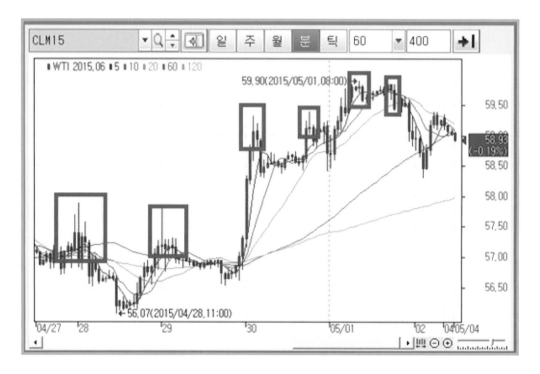

유로화의 하락반전형 패턴입니다. 장시간 상승하다 하락으로 움직임이 바뀔 수 있는 캔들이 생긴 후 하락으로 전환되는 시점에서 매도를 노려볼 수 있는 상태입니다. 캔들의 모양을 연구를 하다보면 방향설정에 큰 도움이 될 것입니다.

[유로화 하락반전형 실전 예]

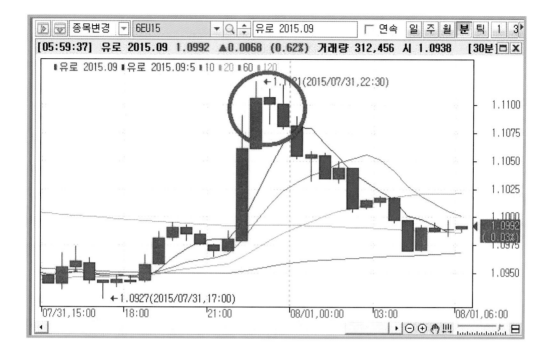

2015년 07월 31일 21시 30분경 고용지수 발표로 인해 급상승하던 유로화는 30분차트 상 장대 양봉의 위꼬리가 형성되면서 다음봉 음봉의 위꼬리가 생겨 하락장악형 패턴이 발생했습니다. 지표 발표시점에 상승포지션에 탑승하지 못했다면 30분봉상 음봉캔들을 기다리면서 역방향 매도포지션으로 타이밍을 노려볼 수 있는 전략입니다.

4〉 3분봉차트에서 240이평선과 480이평선의 숨겨진 진실

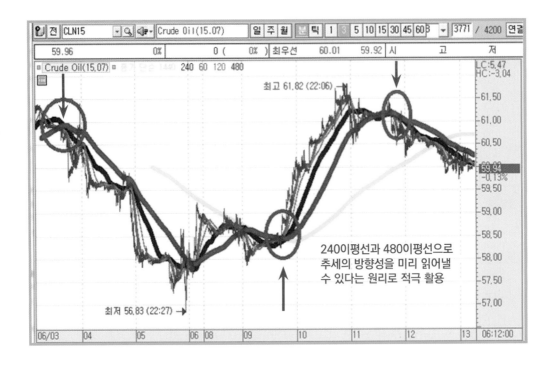

3분봉차트에서 240일이평선과 480일이평선으로 추세의 방향성을 읽어 낼수 있는 포인트가 있습니다. 단기이평선보다 중·장기이평선들은 캔들과 충돌을 하면 일시적으로 밀리는 현상이 나오면서 방향성이 제시됩니다. 240이평선은 강력한 심리적 저항선과 지지선에 속하며 캔들과 가까워질수록 바닥권을 형성하고 캔들과 충돌하며 골든크로스가 발생한다면 상승파동의 출발선을 완성했다고 볼 수 있습니다. 또한 상투권에서 240이평선이 480이평선을 붕괴시키면서 캔들 또한 480이평선을 뚫고 내려간다면 강력한 하락파동의 출발선을 완성했다고 볼 수 있습니다. 240이평선은 시세의 상승과 시세의 하락에 대한 변곡점 역할뿐만 아니라 심리적 지지·저항선으로 활용합니다.

[480이평선의 역할과 대응]

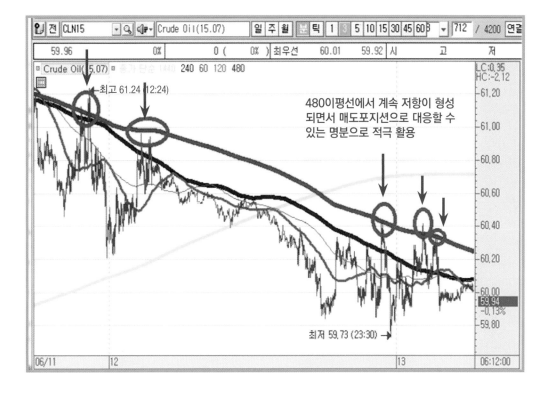

　3분봉차트에서 480이평선을 붕괴시킨 후 끊임없이 저항대로 작용하는 패턴을 볼 수 있습니다. 추세선상에서 480이평선을 돌파하거나 붕괴된다면 역방향으로 진입하지 않고 보이는 그대로 추세를 형성하면서 시장에 대응할 수 있게 됩니다.

　240이평선을 돌파하고 지지가 되어도 480이평선을 한 번에 돌파하는 경우는 없다는 것입니다. 2~3번의 돌파시도를 하지만 480이평선 아래로 대부분 떨어지기 마련입니다. 15분봉차트, 30분봉차트, 60분봉차트에서도 480이평선은 가장 강한 저항선이며 지지선입니다. 기술적분석 이외의 가디언 가격은 스스로 시장을 판단하고 추세매매를 할 수 있는 근거가 됩니다. 시장을 판단하는 수많은 기준 중 하나인 가디언 가격은 가장 손쉽게 배울 수 있는 매매의 기준가격으로, 움직이는 구조를 알면 시세의 방향을 알고 하는 매매가 됩니다. 실전에 필요한 원리와 습득으로 내 것으로 만드는 노력만 하면 전문가 수준의 추세 장악력을 가지게 됩니다.

8. 홍콩항생지수선물의 실전 매매법

국내시장이 변동성이 없는 가두리장이거나 대응하기 어려운 구간에서는 오히려 변동성이 크면서 추세 판단이 용이한 홍콩시장에 국내 투자자들의 관심이 쏠립니다. 중국시장과 홍콩시장에 관심은 높으나 종목의 선택 및 투자에 대한 부담으로 거래를 망설이는 투자자들에게 적은 증거금으로 투자할 수 있는 기회의 시장이라고 할 수 있습니다. 보통 해외선물 하면 밤에만 매매한다고 생각하시는데, 홍콩항생지수선물은 국내시장과 거의 같은 시간대에 매매가 가능하며 거래량이 많다는 특징이 있습니다.

먼저 상승추세라인과 하락추세라인을 단순화시켜 파동의 진폭을 4등분하고 중심축 중에 어느 가격대가 지지와 저항을 만드는지를 체크하면서 방향을 결정해야 합니다. 또한 차이나 A50지수선물시장은 오전 10시에 시작하므로 선행지표로 생각하면서 홍콩항생지수선물은 오전10시 15분에 시작하므로, 방향성을 미리 읽어낼 수 있다는 장점이 있습니다. 그럼 먼저 가격의 4등분을 구해 힘의 방향성을 공부해서 실전에 응용해보도록 하겠습니다.

[2015년 7월31일 홍콩항생지수선물 실전응용]

오전 10시 15분 장시작과 동시에 장대양봉의 갭상승 후 가격흐름이 꼬리를 만드는 약
세패턴으로 진행되었습니다. 10시 30분 상해증시본장이 열리는 시점이 이제 중요한 홍콩
항생지수의 방향성을 결정짓는 순간입니다. 중국상해본장의 흐름이 항생지수의 방향성을
결정짓는다는 뜻입니다.

고점 24,722, 저점 24,450의 중심값을 구해보시죠. 중심값은 24,586입니다. 한 파동이
완성되고 되반등 시 중심값은 저항대로 설정된다는 것을 상기시켜야 합니다. 위꼬리가 달
리는 캔들의 연속성이 중심값의 저항대가 강하다는 것을 의미합니다.

홍콩항생지수선물은 기본진폭이 300~500틱 내외입니다. 5분봉차트상 한 파동이 끝나
고 되반등 시 중심가격을 구하면서 현재시장의 에너지를 가늠할 수 있는 역할과 더불어 중
심가격은 항상 중요한 지지·저항의 역할을 합니다. 다음 도표를 보면 이해가 더 빠를 것입
니다.

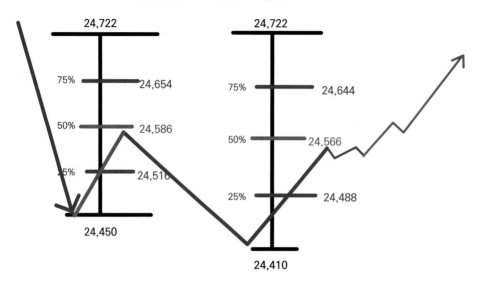

홍콩항생지수선물 4등분도표

해외선물은 거래는 처음 시작하기 전에 거래통화가 다르고, 해외선물이라는 개념 자체가 어렵고 막연하게 느껴질 수 있습니다. 하지만 처음이 어려울 뿐이지 몇 번 연습하고 공부하다 보면 국내선물·옵션거래와 크게 다르지 않기 때문에 금방 적응할 수 있습니다. 물론 처음에는 투자대상에 대한 정확한 이해와 공부는 제대로 해야겠지만요. 하지만 공부만 해서 해외선물매매에 성공할 수 있다는 건 당연히 아닙니다.

해외선물시장에서 실패하지 않고 성공할 수 있는 매매법, 전략, 국제정세의 파악 등이 필요합니다. 아주 단순한 것부터 하나하나 실천하는 투자자가 된다면 홍콩항생지수선물도 쉽게 매매할 수 있을 것입니다.

9. 해외선물 리스크의 중요성

해외선물에서 리스크가 생명이며 어떠한 매매기법보다 중요합니다.

1〉 자산 대비 리스크관리

자본금이 500만 원이면 500만 원을 한 번에 다 투자하면 안 됩니다. 250만 원은 언제든 꺼내서 재투입할 수 있게 따로 관리해야 합니다. 250만 원으로 계좌를 운용하면서 수익만 나면 좋지만 손실이 났을 경우도 있습니다. 100만 원 정도의 손실이 나왔다면 이건 뭔가 잘못된 매매를 하고 있다고 판단해야 합니다. 그때는 잠시 매매를 중단했다가 시장의 움직임을 관망하며 매매전략을 재수립할 필요가 있습니다.

일반적으로 해외선물은 하루에도 좋은 진입자리가 2~3번은 나올 수 있습니다. 투자자들은 보통 잃었던 손실금을 찾기 위해 시장과 맞서 싸우지만 손실만 누적될 뿐입니다. 100만 원의 손실은 250만 원의 40% 손실입니다. 이때 남은 150만 원으로 100만 원을 회복하려면 70%의 수익을 내야만 합니다. 거의 불가능한 일입니다.

이때를 위해 관리했던 250 만원을 추가투입합니다. 계좌에 350 만원이 있습니다. 이 자금으로 30%의 수익만 내면 원금회복이 됩니다. 손실이 기대 이상 났을 때는 잠시 매매를 중단했다가 전략을 재정립한 후에 좋은 진입자리가 나오면 충분히 만회할 수 있는 기회는 언제든 있습니다.

2〉 진입 계약수에 대한 리스크관리

해외선물은 변동성이 크기 때문에 제대로 실력이 갖춰지지 않는 투자자라면 모의투자를 먼저 권합니다. 실력을 갖추고 실전에 대응해야만 철저한 리스크 관리가 됩니다. 보통 투자자들은 막무가내로 쉽게 생각하고 어떤 상품이든 뛰어들고 보는 경향이 있습니다. 하지만 시장은 역시 뒤통수를 치기 마련입니다.

실력을 갖추지 않거나 초보투자자라면 먼저 1계약으로 진입하거나 2계약 정도가 리스크를 관리할 수 있는 계약수입니다. 계약수의 변경은 장중에 없어야 합니다. 2계약으로 매매를 시작했다면 마감시간까지 2계약으로 유지하는 게 바람직합니다. 그래야 수익과 손실이 관리되기 때문입니다.

2계약 진입 시 1계약은 보통 7~10틱 내외에서 안전하게 청산하고 남은 한 계약은 먼저 청산한 수익으로 가디언 가격에 따라 추세매매를 하게 되다면 수익을 극대화할 수 있습니다.

3〉 손절매의 원칙

해외선물거래에서 투자자에게 필요한 기법 중 하나는 손절매를 잘하는 것입니다. 해외시장은 국내파생시장보다 레버리지 효과가 약 8배가 높습니다. 돈을 벌어도 크게 벌 수 있지만 잃는 것도 순식간인 시장입니다. 실제 자기자산의 50% 이상을 단 한 번에 잃어본 적이 있는 투자자라라면 해외선물투자가 두려울 수밖에 없을 것입니다.

이런 두려움을 이겨낼 수 있는 방법이 손절매에 대한 자신감입니다. "나는 손실이 나도 5% 안에서 매매를 정리하고 나올 수 있다"는 자신감이 있으면 항상 소신있는 배팅이 가능합니다.

그럼 손절매 시점을 결정하는 기준은 무엇일까요? 여러 가지가 있습니다. 가장 일반적인 것은 투자 자산의 규모에 맞추는 것입니다. 보통 1%, 2%룰이 사용되는데, 특별한 경우에도 최대 5%를 넘지 않는 것이 좋습니다. 지지 또는 저항대, 그리고 추세선을 이용하는 방법은 금액이 아니라 시장의 움직임을 기준으로 삼는 방법입니다. 하지만 이런 방법은 '스톱헌터(Stop Hunter)'에 악용될 소지도 있습니다. 스톱헌터는 일정한 가격대에 지지 혹은 저항 물량처럼 허수를 걸어두고 위나 아래쪽 호가에 개인들로 하여금 손절을 하게끔 조정하는 것을 말합니다.

따라서 주요 지지와 저항대와 조금씩 떨어진 곳에 손절매 위치를 정하는 것이 좋습니다. 가장 중요한 것은 '멘탈스톱(Mental Stop)'입니다. 멘탈스톱이란 투자자가 마음속으로 손실한도를 설정해놓는 것입니다. 멘탈스톱에는 여러 가지 방법이 있는데, 이 중 자신에게 가장 적합한 방법을 찾아 철저한 손절매를 해야 합니다. 멘탈스톱의 경우 투자자가 시장 움직임을 자의적으로 해석해 애초 정했던 손실한도의 위치를 자꾸 바꾸는 오류를 범할 수 있습니다. 따라서 마음속에 예상손실액을 정했다면 그것을 반드시 구체화시켜야 합니다.

손실한도 설정에 따른 손절매는 지킬 수도 있고 안 지킬 수도 있는 것이 아니라 반드시 지켜야 하는 절대적인 원칙입니다. 투자자가 시장을 분석하는 방향이 아무리 옳다 해도 시장이 생각대로 움직여주지 않는다면 이를 겸허하게 받아들여 포지션을 청산할 수 있어야 합니다. 이런 용단만이 해외선물에서 끝까지 생존할 수 있게 해주는 유일한 방법입니다.

4) 마음을 다스리며 때를 사라

해외선물을 하다보면 어떤 곳이든 자기의 기준과 원칙을 세우고 매매하라고 말합니다. 하지만 그것이 결코 쉬운 일은 아닙니다. 쉽다면 모든 투자자들이 해외선물을 매매하는데, 손해를 보는 일은 없을 것입니다.

해외선물에서 성공할 수 있는 한 가지 방법을 제시한다면, 일정한 수익을 창출되면 당일매매를 접는 것입니다. 흔히들 수익을 담보로 또다시 매매하지만 수익금도 날리고 원금까지 손실나는 게 대부분입니다.

필자는 다시 한 번 말하고 싶습니다. 하루 기대수익이 창출되면 당일매매를 접고 내일을 위해 준비하라고요. 당일 수익을 냈다고 매매를 접지 않는 한 그 수익은 내 수익이 아닙니다. 하루 일정 일정한 투자수익을 올렸다면 매매창을 내리고 모의로 투자를 해보든지, 여유롭게 관망하는 것도 공부일 수 있습니다. 자신을 자제하는 능력을 기르는 것도 중요합니다.

매매에 자신이 있고 모든 진입자리가 보인다고 마구 매매하다 보면 손해를 볼 확률은 높아지고 생각과 다른 방향으로 가는 것이 비일비재해집니다. 수익을 냈다면 오늘 수익을 지키고 내일을 기약하는 것이 정신적 건강이나 좋은 컨디션을 유지하는 데 더 나은 전략이 될 수 있습니다.

철저히 자기를 다스리고 나아가 건강관리까지 한다면 시장에서 오래 살아남을 수 있습니다. 오늘 수익 났다고 술 마시고, 내일 손해났다고 술 마신다면 발전없는 하루를 사는 것과 같습니다. 오래 살아남으면 미래가 있고, 더 나은 환경을 만들어 갈 수 있는 여유가 생깁니다. 조급해 하지 말고, 조금씩 한 발짝이라도 걸어 나가 보시죠.

10. 해외선물 그것이 알고 싶다!!

Q1. 해외선물거래는 어떻게 하나요?

A1. 거래 절차는 다음과 같습니다

◇ 전국 증권사 영업점 및 은행 지점에서 계좌 개설

◇ 증거금 예치 상품별로 지정된 통화의 증거금을 증권사에 납입

◇ HTS 또는 오프라인 상품의 경우 전화를 통해 주문

◇ 체결되면 HTS 및 SMS로 체결 통지

원자재 가격의 상승과 하락 등에 따른 해외상품과 통화선물에 대한 관심도 커지고 있는 실정입니다. 하지만 해외선물이란 것이 아무래도 어렵고 막연하게 느껴지기 마련이죠. 어디서 어떻게 시작해야 되는지부터 거래종목의 선택, 매매방법, 시장을 읽는 안목까지 준비하고 공부해야 할 것들이 한두 가지가 아닙니다.

글로벌 금융시장의 불안정성도 크게 확대된 탓에 해외선물시장은 앞으로 더욱 커질 전망이라 생각됩니다. 특히 최근 개인투자자들의 국내파생상품 진입장벽이 더욱 높아지고 있어 해외선물시장으로 개인투자자들이 더 많이 유입되는 풍선효과가 생길 것으로 판단됩니다.

Q2. 해외선물의 경우 어떤 뉴스들에 영향을 받는지,
또 뉴스가 나왔을 때 매매가 가능한지요?

A2. 주요 경제뉴스나 경제지표 발표 후 시장의 단기추세가 형성되고 특히 24시간 거래되는 해외선물시장이나 FX마진시장은 변동성이 커서 뉴스 발표시간에 거래가 많이 이루어지고 있습니다.

시장에 영향을 미치는 주요 경제지표는 금리결정, 고용지수, 무역수지, 소매판매, 산업생산, 내구재 주문, 소비자물가지수, 생산자물가지수 등입니다. 경제지표 혹은 뉴스는 시장의 장기 방향을 결정짓는 데 중요한 요소지만 단기적으로 발표치가 예상치와 차이가 클수록 변동성이 커지며 예상치에 부합한다면 이미 시장에 반영되어 있을 가능성이 높아 거의 영향을 미치지 않게 됩니다.

또한 경제지표 발표를 앞두고 시장의 움직임이 없을수록 발표 후 기다리고 있던 시장 참여자들이 한꺼번에 거래를 시작하게 되어 변동성이 커지게 됩니다. 미국을 비롯한 주요국의 경제지표를 이해하고 지표들이 시장에 미치는 영향을 알아보고 거래에 활용하신다면 좋을 것 같습니다. 경제지표의 중요도와 함께 예상치와 차이에 따라 나타나는 시장변동성은 단기적으로 지속될 가능성이 높아 지표를 이용한 거래는 스켈핑이나 데이트레이드에 유용합니다.

Q3. 직장인입니다. 재테크로 야간에도 해외선물매매가 가능한가요?

A3. **요즘 개인투자자들에게 해외선물이 주목받고 있습니다.** 해외선물은 높은 접근성, 유동성, 자유로운 거래시간 등의 장점이 있습니다. 24시간 거래가 진행된다는 장점을 가지고 있기 때문에 시간에 구애받지 않고 매매가 가능합니다. 하루에도 빈번하게 수십틱의 진폭을 보이는 경우가 허다하며 크게는 수백틱까지도 변동성을 보이기 때문에 적은 금액으로 큰 수익을 창출하는 것이 가능합니다.

Q4. 개인투자자가 접근하기 좋은 상품은 어떤 상품이 있을까요?

A4. **국내 투자자들이 선호하는 상품으로는 크루드오일, 금, 유로화 종목군이 있습니다.** 유동성과 변동성이 좋은 상품이라 할 수 있습니다. 이 중 크루드오일상품의 바운딩이 안정적이며 방향성을 가진 추세가 자주 출현하기 때문에 투자자들이 매우 선호하는 종목 중 하나입니다.

추세가 정해지면 그 추세대로 가는 경향이 강해서 물타기로 빠져나올 수도 있겠지만 물타기에 실패한다면 리스크가 너무 크기 때문에 진입이 잘못되었을 때 적정선에서 손절한 이후 재진입을 하는 것이 리스크 줄이고 수익을 실현하는 데 효과적이라고 할 수 있습니다.

또한 변동성이 커서 높은 수익을 빠르게 실현할 수 있고 해외선물 자체가 워낙 큰 시장이라서 세력의 개입이 어렵고 조작이 불가능해 개인투자자들도 충분히 수익을 낼 수 있을 정도로 투명성이 높습니다. 국내선물과 비교 시 두 배 이상의 변동성으로 투자자들의 인기를 받고 있습니다. 이러한 변동성으로 큰 수익을 낼 수 있는 기회가 많은 크루드오일이 많은 관심을 받고 있지만 원유재고나 산유국인 중동 국가 정세 등의 지표에 의해 시세가 급변하기 때문에 그에 따른 철저한 준비가 필요한 종목입니다.

Q5. 골드상품의 변동성이 좋은데, 접근하기 괜찮은가요?

A5. **세계적으로 통용되어 많은 거래량을 자랑합니다.** 그래서 수익을 낼 수 있는 기회가 많이 있습니다. 하지만 골드상품은 상당한 변동성이 있기 때문에 순식간에 보이지 않을 정도로 강한 움직임을 보이기도 합니다. 골드상품을 거래 시에는 특히나 손절라인을 미리 걸고 거래를 해야 갑작스런 움직임에 큰 낭패를 보지 않을 수 있습니다.

골드상품은 24시간 거래가 가능하며 변동성이 커서 잘 이용한다면 수익실현의 가능성이 있으며 큰 욕심만 부리지 않는다면 손실도 줄일 수 있을 것입니다. 우리시간으로 오후 4시 30분부터가 안전합니다. 국내시장 마감 후에 거래하는 것이 좋습니다.

Q6. 유로화가 많이 어렵습니다. 유로화매매의 특징이 있나요?

A6. **유로화는 지표발표에 영향을 제일 많이 받습니다.** 바운딩이 잦기 때문에 박스권매매를 주로 사용하는 종목이기도 합니다. 우리시간 오후 15시~16시 이후 박스권 이탈 부분을 정확히 캐치한다면 틱가치가 큰 만큼 수익을 높일 수 있고 손실을 막을 수 있습니다. 유로화는 다른 종목보다 지지나 저항구간을 잘 찾아내야 하는 상품입니다. 장점은 이탈지점까지 변동성이 잦다는 점입니다. 하지만 반대포지션인 경우 이탈지점에서 빠른 손절로 대처하는 게 현명합니다.

Q7. 해외선물 집중공략시간대는 언제인가요?

A7. **국내선물·옵션처럼 해외선물도 집중공략할 시간대가 있습니다.** 하루 종일 모니터 앞에 있지 않고 해당시간대에 집중적으로 매매할 수 있습니다. 해외선물은 21시부터 천천히 움직이기 시작해 미국시장이 열리는 22시 30분부터 변동성이 활발해집니다. 이 시간대가 집중 공략할 시간대라 판단하시면 됩니다. 각국의 지표발표에 따라 거래량이 수반되고 변동성이 크므로 지표발표시간대를 체크하시고 해외선물매매전략을 세워서 장의 흐름에 대응하시면 됩니다.

해외선물 실전투자 완전정복

제1판 1쇄 발행 | 2016년 2월 17일
제1판 3쇄 발행 | 2021년 8월 7일

지은이 | 성경희, 김수한, 문지인
펴낸이 | 유근석
펴낸곳 | 한국경제신문*i*
기획제작 | ㈜두드림미디어

주소 | 서울특별시 중구 청파로 463
기획출판팀 | 02-3604-565
E-mail | dodreamedia@naver.com
등록 | 제 2-315(1967.5.15)

ISBN 978-89-475-4044-5 03320

**책 내용에 관한 궁금증은 표지 앞날개에 있는 저자의 이메일이나
저자의 각종 SNS 연락처로 문의해주시길 바랍니다.**